AF447205

www.ingramcontent.com/pod-product-compliance
Lightning Source LLC
Chambersburg PA
CBHW081933120726
47997CB00010B/3131
9798330219391

ספר

עץ חיים

לרבינו

חיים ויטאל ז"ל

שקיבל ממרן האר"י זלה"ה

שער אח"פ

שער ד' פרק א'

די"ז ע"ג – די"ח ע"ג

תש"פ

SimchatChaim.com

בהוצאת

שמחת חיים

מהדורה ראשונה תש"פ 2020

בס"ד

הקדמה

ירפא **ה**מאציל **ו**יושיע **ה**בורא את כל חולי בני ישראל, וישלה להם רפואה שלימה, רפואת הנפש ורפואת הגוף, בכל אבריהם ובכל גידיהם לעבודתו יתברך.

בי"ב במנחם אב תשס"ה, הובהלתי לבית החולים, הרופאים לא נתנו לי סיכוי לחיות יותר מכמה שעות בגלל מספר תסבוכות. עם כל זאת בזכות התפילות של בני ישראל הקדושים, ברחמיו הרבים, ריחם עלי הקדוש ברוך הוא, ונשארתי בחיים.

עם כל זאת, הובחנה אצלי מחלה קשה בכליות, ונאמר לי שהצטרך למכונת דיאליזה. בשבילי זה היה שוק!!! אף פעם לא הייתי אצל רופא, או בבית חולים. כך בעל כרחי התחברתי למכונת דיאליזה, ומכונה זאת הייתה[1] קשורה בי ככלב במשך שמונים חודשים בדיוק, כמניין **יסוד**, במשך 10-12 שעות ביום.

בשבת פרשת **ויחי יעקב** י"ב טבת תשע"ב, בזכות בני ישראל, שכולם אהובים כולם ברורים כולם גיבורים כולם קדושים... וכולם פותחים את פיהם באהבה שלוש פעמים ביום, ואומרים - **ברוך אתה... רופא חולי עמו ישראל**, וכללותם כל האברכים, תלמידי הישיבות, רבנים וחכמים, חסידים, מקובלים עם תינוקות של בית רבן, זקנים עם נערים, בחורים וגם בתולות, בארץ הקודש ובעולם. ומצד שני בנות ישראל היקרות מפז, שהתפללו וקבלו עליהם כל מיני קבלות, מהפרשת חלה עד צניעות וכיסוי הראש, עם הרבנים, המנהלים, המורים, המורות **והתלמידות של בית יעקב דטורונטו** שכל יום התפללו, וכללו בתפילתם שבקעה את כל הרקיעים אותי, ונושעתי אני הקטן. הושתלה בי כליה. והתנתקתי ממכונת הדיאליזה.

אמר המלך דוד - לולי[2] תורתך שעשעי אז אבדתי בעניי. מה שנתן לי חיות היא התורה הקדושה, בשעות הרבות שהיתי מחובר למכונת הדיאליזה)כ12 שעות ביום(, ערכתי סדרתי וכתבתי במחשב את קונטרסים שלמדתי במשך שנים. וקונטרסים אלו הפכו לחיבור, ואחרי התלבטויות ובקשות מבני גילי, החלטתי בעזרתו יתברך להדפיס קונטרסים אלו.

ידוע הוא כי כל דברי האר"י זלל"ה ותלמידו נאמן ביתו, רבינו חיים ויטאל הם סתומים וחתומים באלפי שרשראות ומנעולים, והרב ז"ל גִלָה טפח וכיסה אלפים אמה, וכלל דבריהם הוא משלים, עם כל זאת העוסק במשל פועל בעלמות העליונים בנמשל. לכן צריך זהירות גדולה לא להגשים את המשלים, בסוד המבואר בספר הזוהר הקדוש - **ועלייהו אתמר** ועליהם נאמר - **ארור האיש אשר יעשה פסל ומסכה וגומר, ושם בסתר, מאי בסתר** מהו בסתר - **בסתרו דעלמא** בסתר העולם. **ובגין דא אמר קודשא בריך הוא לא תעשון אתי** ומפני זה אמר הקדוש ברוך הוא לא תעשון אתי **אלה"י כסף ואלה"י זהב, והכי אוקמוה חבריא לא תעשון אתי כדמות שמשי שמשמשין אותי** וכך העמידוהו החברים לא תעשון אתי כדמות שמשי שמשמשים אותי **במרום, לציירא בסתר דילי שום ציור או דמיון** לצייר בסתר שלי שום ציור או דמיון, **דכל מאן דצייר לעיל לקודשא בריך הוא** שכל מי שמצייר למעלה לקדוש ברוך הוא, **בסתר)דאיהי שכינתיה, כלילא מעשר**

1

גמרא סוטה ד"ג ע"ב - גמרא סוטה ד"ג ע"ב – רבי אלעזר אומר, **קשורה בו ככלב**, שנאמר - ולא שמע אליה לשכב אצלה להיות. עמה לשכב אצלה בעולם הזה. להיות עמה לעולם הבא.

2

תהלים קי"ט צ"ב

ספיראן שהיא שכינתו, כלולה מעשר ספירות(**, שום ציור, וצלם, ודמות, כגוונא דמציירין בשמשין דיליה** שמציירים בשמשים שלו, **נשמתיה אתלבשא בההוא צלמא** נשמתו מתלבשת באותו צלם....

וכן הוא בסוף ענף ד' דשער א' בספר עץ חיים שער ההקדמות, וז"ל הטהור - ואמנם דבר גלוי הוא כי אין למעלה גוף ולא כח גוף חלילה. וכל הדמיונות והציורים אלו לא מפני שהם כך חס ושלום. אמנם **לשכך את האוזן** לכשיוכל האדם להבין הדברים העליונים, הרוחניים, בלתי נתפסים, ונרשמים בשכל האנושי. לכן ניתן רשות לדבר בבחינת ציורים ודמיוניים, כאשר הוא פשוט בכל ספרי הזוהר. וגם בפסוקי התורה עצמה כולם כאחד עונים ואומרים בדבר הזה, כמו שאמר הכתוב עיני הוי"ה המה משוטטים בכל הארץ. עיני הוי"ה אל צדיקים. וישמע הוי"ה. וירח הוי"ה. וידבר הוי"ה. וכאלה רבות. וגדולה מכולם מה שאמר הכתוב - ויברא אלהי"ם את האדם בצלמו בצלם אלהי"ם ברא אותו זכר ונקבה וגו'. **ואם התורה עצמה דברה כך** גם אנחנו נוכל לדבר כלשון הזה, עם היות שפשוט הוא שאין שם למעלה אלא אורות דקים בתכלית הרוחניות, בלתי נתפשים שם כלל, וכמו שאמר הכתוב - כי לא ראיתם כל תמונה, וכאלה רבות. ואמנם יש עוד דרך אחרת כדי להמשיך ולצייר בה הדברים העליונים, והם בחינת כתיבת צורת אותיות, כי כל אות ואות מורה על אור פרטי עליון, וגם תמונת זו דבר פשוט הוא כי אין למעלה לא אות ולא נקודה, **וגם זה דרך משל וציור לשכך את האוזן** כנזכר.....

ולכן כל המבואר כאן בחיבור זה הוא כדי **לשכך את האוזן**. והתרשימים שבסוף החיבור הם כדי **לשבר את העין**, לכן אין שום ביאור והסבר שלם, ואין שום תרשים שלם בתכלית השלמות.

ידוע כי[3] דברי תורה עניים במקומן ועשירים במקום אחר, **ועל אחת כמה וכמה** בדברי הרב ז"ל, שכל סוגיה חסרה[4] במקומה, וחלקיה מפוזרים במקומות אחרים. **זאת ועוד** הרב ז"ל מערבב בדרוש אחד כמה וכמה סוגיות, כאשר בפשטות דבריו נראה שכל הדרוש הוא דרוש אחד, ולא מחולק לסוגיות שונות, ושמועות שונות, **ביאור** דברי הרב ז"ל כאן הם **בעומק, והוא בעצם ליקוט** עד איפה שידי הקצרה הגיעה, מכל חלקי ספר עץ חיים, ושמונה השערים המצוינים לרב ז"ל, מבוא שערים ושאר ספרי הרב ז"ל, והוא גם על פי הקדמת רחובות הנהר למרן הרש"ש, דרושי פנימיות וחיצוניות, דרוש הדעת, סוגיות ערכין, סוגיות דכללות והתכללות, פרטות וכללות, וסוגיות עובי ואורך, ועל פי ביאור גדולי רבותינו חכמי המקובלים לדורותם זלה"ה זי"ע.

ידוע כי[5] אין בר בלי תבן, כך אין ספר בלי טעויות, ועוד יודע אני כי דל ועני אני, **ואין**[6] **עני אלא בדעה**. לכן מבקש אני בכל לשון של בקשה אם יש לכל אחד שאלות, הערות, הארות, תיקונים, נא לשלוח ל - book@simchatchaim.com והשתדל לענות, ולתקן את הצריך תיקון.

בברכה והצלחה בלימוד התורה הקדושה

ובעיקר בפנימיות התורה, תורת האר"י הח"י.

ורפואה שלימה לכל חולי ישראל.

אח"י

---

3 **גמרא ירושלמי, ראש השנה פ"ג הלכה ה' די"ז ע"א** – דברי תורה עניים במקומן, ועשירים במקום אחר.

4 **תורת חכם דע"ב ע"ב** – חסר לשון הוא, כמו שיראה המעיין.

5 **גמרא ברכות נ"ה א'** - מה לתבן את הבר נאם ה', וכי מה ענין בר ותבן אצל חלום, אלא אמר ר' יוחנן משום ר' שמעון בן יוחאי ,כשם שאי אפשר לבר בלא תבן, כך אי אפשר לחלום בלא דברים בטלים.

6 **גמרא נדרים מ"א ע"א** – אין עני אלא בדעה .

ב"ה

הקדמה קצרה לחיוב לימוד תורת הקבלה

ישמחו **ה**שמים **ו**תגל **ה**ארץ ירעם הים ומלאו. שזכינו בדור שלנו שפנימיות התורה, שהיא היא תורת הקבלה, מתפשטת לכל, וכל מקום בעולם היום לומדים בתורת הח"ן. הדור שלנו יש הרבה התעוררות ללמוד סתרי התורה הקדושה, הנקראת חכמת הקבלה. בירושלים של המאה ה18 בישיבת **בית אל** היו בקושי מנין של מקובלים, והיום תורת הקבלה מופצת בכל מקום בארץ ובעולם. לעניות דעתי אחת הסיבות העיקריות לשינוי זה הוא רצונם של בני התורה, החוזרים בתשובה ועמך לדעת את סוד החיים, למה ברא הקדוש ברוך הוא את העולם, ואת טעמי המצות, ר"ל אי אפשר היום בדור שלנו, להסביר על פי הפשט את הסיבה מדוע אסור לאכול בשר וחלב, מדוע צריך להניח תפילין, למה לשמור דווקא שבת ולא יום שלישי, אי אפשר להגיד כל הזמן **זאת גזרת הכתוב, כך רוצה הקדוש ברוך הוא**, האנשים מחפשים הסברים למצות, לסיפורי התנ"ך, לגלגולי נשמות, ועוד. ורק על ידי עסק בפנימיות התורה, אדם מסיג את ההסברים לקושיות שיש לו. **זאת ועוד** חיים אנחנו בדור של חומריות, והאנשים מחפשים את רוחניות שבחיים, אז מה עושים, נוסעים למזרח, להודו, סין, תאילנד למצוא רוחניות, ולא יודעים **ששורש כל הרוחניות בעולם נמצאת בתורה הקדושה**, עם כל זאת כאשר הלומד את פשט התורה, **הוא לא מכיר** את הקדוש ברוך הוא, והוא בלי יראת שמים ושמחה אמתית. כותב הרב המקובל האלוה"י רבינו יהודה פתייה בפרושו הנפלא על עץ חיים - כי לימוד עץ חיים הוא עמוק מאד מאד, כי הוא **מים שאין להם סוף**, והוא קשה מאד גם לחכמים ההוגים בו תמיד, וכל שכן למתחילים. כי הוא חזק מצור, וקשה מברזל, שאי אפשר לחצוב ממנו מאומה, אם לא על ידי כלי מחצב חזקים כציפורן שמיר. וכל המתחיל בלימוד עץ חיים, אם לא יהיה לו רב, או לפחות איזה מפרש המפרש לו כוונת הפרק ההוא לפי פשוטו, נבול יבול, ואינו יכול לעמוד על הפרק כי אם לאחר יגיעה רבה, ושקידה עצומה, וכולי האי ואולי. כי הרבה פעמים יסבור המעיין שהבין הענין ההוא כראוי, ואחר שילמוד עוד איזה פרקים אחרים, ירגיש כעצמו שלא הבין את פרקים הקודמים, והניסיון יעיד על זה, עד כאן דברי קודשו. עם כל זאת חייב כל אדם לעסוק בתורת ה**ח**יים.

צדיק אתה הוי"ה וישר משפטיך. כתב הרב רבינו חיים ויטאל ז"ל בהקדמה לשער ההקדמות - והנה מה שכתב בתחילת דבריו, ואפילו כל אינון דמשתדלי באורייתא כל חסד דעבדי לגרמייהו וכו', עם היות שפשטו מבואר ובפרט בזמנינו זה, בעונותינו היום אשר התורה נעשית קרדום לחתוך בה אצל קצת בעלי תורה, אשר עסקם בתורה על מנת לקבל פרס, והספקות יתירות, וגם להיותם מכלל ראשי ישיבות, ודיני סנהדראות, להיות שמם וריחם נודף בכל הארץ, **ודומים במעשיהם לאנשי דור הפלגה הבונים מגדל וראשו בשמים**, ועיקר סיבת מעשיהם היא מה שאמר אחר כך הכתוב - **ונעשה לנו שם**... והנה על הכת הזאת אמרו בגמרא כל העוסק בתורה שלא לשמה, נוח לו שנהפכה שלייתו על פניו, ולא יצא לאויר העולם. ואמנם האנשים האלה מראים תימה וענוה באמרם כי כל עסקם בתורה הוא לשמה. והנה החכם הגדול התנא רבי מאיר ע"ה העיד עליהם שלא כך הוא, באומרו לשון כללות - כל העוסק בתורה לשמה זוכה לדברי הרבה וכו', **ומגלים לו רזי תורה, ונעשה כנהר שאינו פוסק**, והולך

וכמעיין המתגבר מאליו, בלתי הצטרכו לטרוח ולעיין בה, ולהוציא טיפין טיפין של מימי התורה מן הסלע, הנה זה יורה שאינו עוסק בתורה לשמה כהלכתה, ומי זה האיש אשר לא יזלו עיניו דמעות בראותו המשנה הזאת, **ורואה חסרונו ופחיתותו**, עד כאן לשונו. לכן כל אחד צריך לטעום מעץ החיים.

חצות לילה אקום להודות לך על משפטי צדקך. כתב רבינו אליהו מני זצ"ל רבו של הרי"ח הטוב, בספרו הקדוש כסא אליהו שער ד' וז"ל - ואם זיכך הוי"ה ללמוד בחכמת האמת, הנה עצה היעוצה היא שכל סדר הלימוד בנגלה תתנהג בו ביום דווקא. **אבל בלילה תלמוד בחכמת האמת, והעיקר הלימוד אחר חצות**, כי זה הלימוד צריך ישוב דעת הרבה, וכשיקוץ האדם אז דעתו מיושבת עליו יותר. גם גה הלימוד צריך הסתר והצנע, **וכל דבר שיהיה בלילה ובפרט אחר חצות יהיה נסתר יותר מן היום**. ותעשה ועד עם החברים בבית המדרש אם הוא צנוע, **או בביתך ותלמדו בכל לילה**, עד כאן לשונו. וישב ללמוד האדם בלילה תחת עץ החיים.

קראתי בכל לב ענני הוי"ה חקיך אצרה. בהקדמה[7] לשער ההקדמות מבאר הרב ז"ל - ואמנם אל יאמר אדם אלכה לי ואעסוק בחכמת הקבלה, מקודם שיעסוק בתורה במשנה ובתלמוד, כי כבר אמרו רבינו ז"ל - אל יכנס אדם לפרדס **אלא אם כן מלא כריסו בבשר ויין**, והרי זה דומה לנשמה בלתי גוף, שאין לה שכר ומעשה וחשבון, עד היותה מתקשרת בתוך הגוף, בהיותו שלם מתוקן במצות התורה בתרי"ג מצות. **וכן בהפך** בהיותו עוסק בחכמת המשנה והתלמוד בבלי, ולא ייתן חלק גם אל סודות התורה וסתריה, כי **הרי זה דומה לגוף היושב בחושך**, בלתי נשמת אדם נר הוי"ה המאירה בתוכה, **באופן שהגוף יבש בלתי שואף ממקור חיים**, אשר זהו ענין אומרו במקום אחר ההוא הנזכר לעיל וז"ל - דאילין אינון דעבדי לאורייתא יבשה, ולא בעאן לאשתדלא בחכמת הקבלה וכו'. באופן כי התלמידי חכמים העוסקים בתורה לשמה, ולא לשמו, לעשות לו שם. צריך שיעסוק בתחילה בחכמת המקרא, והמשנה, והתלמוד, כפי מה שיוכל שכלו לסבול. ואחר כך יעסוק לדעת את קונו בחכמת האמת, וכמו שציוה דוד המלך ע"ה את שלמה בנו - דע את אלה"י אביך ועבדהו. ואם האיש הזה יהיה כבד וקשה בענין העיון בתלמוד, מוטב לו שיניח את ידו ממנו, אחר שבחן מזלו בחכמה זאת, ויעסוק בחכמת האמת. וזה שמבואר כל תלמיד חכם שאינו רואה סימן יפה בתלמוד בחמשה שנים, שוב אינו רואה, עד כאן דברי קודשו. ומזה כל אחד ואחד חייב להדבק במקור החיים.

חסדך הוי"ה מלאה הארץ חקיך למדני. בשער הגלגולים, בקדמה ט"ז כתב הרב ז"ל - עוד צריך שתדע, כי האדם צריך לקיים כל התרי"ג מצות, במעשה, ובדבור, ובמחשבה. וכמו שאמרו ז"ל על פסוק - זאת התורה לעולה ולמנחה וכו', כל העוסק בפרשת עולה, כאלו הקריב עולה וכו'. וכוונו בזה שהאדם מחוייב לקיים כל התרי"ג מצות בדבור, וכן על דרך זה במחשבה. ואם לא קיים כל התרי"ג בשלשה בחינות הנזכרות, מחוייב להתגלגל עד שישלים אותם. **עוד דע**, כי האדם מחויב לעסוק בתורה בארבעה מדרגות, **שסימנם פרד"ס**, והם, פשט, רמז, דרוש, סוד וצריך שיתגלגל עד שישלים אותם. ובהקדמה י"ז כותב הרב ז"ל, וז"ל - שהאדם **מחוייב לעסוק בתורה בארבעה מדרגות שבה**, והיא זאת, דע, כי כללות כל הנשמות

---

7 ע"ח ד"א ע"ד.

הם ששים רבוא ולא יותר. והנה התורה היא שרש נשמות ישראל, כי ממנה חוצבו, ובה נשרשו. ולכן יש בתורה ששים רבוא פירושים, וכלם כפי הפשט. וששים רבוא ברמז. וששים רבוא בדרש. **וששים רבוא בסוד.** ונמצא, כי מכל פירוש מן הששים רבוא פרושים, ממנו נתהווה נשמה אחת של ישראל, ולעתיד לבא כל אחד ואחד מישראל, ישיג לדעת כל התורה כפי אותו הפירוש המכוון עם שרש נשמתו, אשר על ידי הפרוש ההוא נברא ונתהווה כנזכר. וכן בגן עדן אחר פטירת האדם, ישיג כל זה. וכן בכל לילה כאשר האדם ישן, ומפקיד נשמתו ויוצאה ועולה למעלה, הנה מי שזוכה לעלות למעלה, מלמדים לו שם אותו הפירוש, שבו תלוי שרש נשמתו. ואמנם הכל כפי מעשיו ביום ההוא, כך באותה הלילה ילמדוהו, פסוק אחד, או פרשה פלונית, כי אז מאיר בו יותר פסוק ההוא משאר הימים. ובלילה האחרת יאיר בנשמתו פסוק אחר, כפי מעשיו של אותו היום, וכולם על דרך הפירוש ההוא אשר תלויה בו שרש נשמתו כנזכר, עד כאן דברי קודשו. ור"ל שכל יהודי ויהודי חייב להשיג את שורש נשמתו, וללמוד את סוד החיים.

יבאוני רחמיך ואחיה כי תורתך שעשעי. מבואר במדרש משלי - אמר רבי ישמעאל, בוא וראה כמה קשה יום הדין שעתיד הקדוש ברוך הוא לדון את כל העולם כולו בעמק יהושפט. בזמן שתלמידי חכמים באים לפניו, אומר לכל אחד מהם - כלום עסקת בתורה, אמר לו הן, אומר לו הקדוש ברוך הוא הואיל והודית, אמור לפני מה שקרית, ומה ששנית בישיבה, ומה ששמעת בישיבה. מכאן אמרו - כל מה שקרא אדם יהא תפוש בידו, ומה ששנה כמו כן, שלא תשיגהו בושה ליום הדין. מכאן היה רבי ישמעאל אומר - אוי הלה לאותה בושה, אוי לה לאותה כלימה, ועל זה ביקש דוד מלך ישראל בתפילה ובתחנונים לפני המקום ואמר - הוי"ה בוקר תשמע קולי בוקר אערך לך ואצפה. בא לפניו מי שיש בידו מקרא ואין בידו משנה, הקדוש ברוך הוא הופך את פניו ממנו, ושרי גיהנם מתגברים בו כזאבי ערב, ונוטלין אותו ומשליכין אותו לתוכה. בא לפניו מי שיש בידו שני סדרים או שלושה, אז הקדוש ברוך הוא אומר לו - בני, כל ההלכות למה לא שנית אותם, ואם אומר הקדוש ברוך הוא הניחוהו, מוטב, ואם לאו עושין לו כמידת הראשון. בא לפניו מי שיש בידו הלכות, הקדוש ברוך הוא אומר לו - בני, תורת כהנים למה לא שנית, שיש בה טומאה וטהרה, וטומאת שרצים וטהרת שרצים, טומאת נגעים וטהרת נגעים, טומאת נתקים ובתים וטהרת נתקים ובתים, טומאת זבים ולידה וטהרת זבים ולידה, טומאת מצורע וטהרתו, סדר ווידוי יום הכיפורים, וגזירות שוות, ודיני ערכים, וכל דין שדנו ישראל לא דנו אלא מתוכו. בא לפניו מי שיש בידו תורת כהנים, אומר לו הקדוש ברוך הוא - בני, חמישה חומשי תורה למה לא שנית, שיש בהם קריאת שמע, ותפילין, ומזוזה. בא לפניו מי שיש בידו חמישה חומשי תורה, אומר לו - בני, למה לא למדת הגדה, ולא שנית, שבשעה שחכם יושב ודורש, אני מוחל ומכפר עוונותיהם של ישראל, ולא עוד אלא בשעה שעונין אמן יהא שמיה רבה מברך, אפילו נחתם גזר דינם אני מוחל ומכפר להם עוונותיהם. בא לפניו מי שיש בידו הגדה, אומר לו הקדוש ברוך הוא - בני, תלמוד למה לא שנית, שנאמר - כל הנחלים הולכים אל הים והים איננו מלא, זה התלמוד, שיש בו חכמות הרבה. בא מי שיש בידו תלמוד, הקדוש ברוך הוא אומר לו - בני, הואיל ונתעסקת בתלמוד, **צפית במרכבה, צפית בגאוה**, שאין הנייה בעולמי, אלא בשעה שתלמידי חכמים יושבים ועוסקים בתורה, מציצין ומביטין ורואין והוגין המון התלמוד הזה - **כסא כבודי היאך הוא עומד. רגל הראשונה במה היא משמשת, שנייה במה היא משמשת, שלישית במה היא משמשת, רביעית במה היא משמשת, חשמל היאך הוא עומד, ובכמה פנים הוא מתהפך בשעה**

אחת, לאי זה רוח הוא משמש, הברק היאך הוא עומד, כמה פנים של זוהר נראין בין כתפיו, לאיזה רוח משמש, כרוב היאך הוא עומד, לאי זה רוח הוא משמש. גדולה מכולם עיון כיסא הכבוד, היאך הוא עומד, עגול הוא כמין מלבן, ומתוקן הוא, כמה גשרים יש בו, כמה הפסק בין גשר לגשר, וכשאני עובר באיזה גשר אני עובר, ובאי זה גשר האופנים עוברים, ובאיזה גשר הגלגלים עוברים. גדולה מכולם מצפורני ועד קודקודי, היאך אני עומד, כמה שיעור בפיסת ידי, וכמה שיעור אצבעות רגלי. גדולה מכולם כיסא כבודי, היאך הוא עומד, לאיזה רוח הוא משמש, באחד בשבת לאיזה רוח הוא משמש, בשני בשבת לאיזה רוח הוא משמש, בשלישי בשבת לאיזה רוח הוא משמש, ברביעי בשבת, בחמישי בשבת, בשישי בשבת לאיזה רוח משמשין, וכי לא זהו הדרי, זהו גדולתי, זהו הדר יופי, שבניי מכירין את כבודי במידה הזאת. ועליו אמר דוד - מה רבו מעשיך הוי"ה, כולם בחכמה עשית, מלאה הארץ קנייניך. עד כאן לשון המדרש. ממדרש זה לומדים על חובת כל אחד ואחד מישראל את לימוד כל חלקי הפרד"ס, ובעיקר את בחינת הסוד שבתורה, הנקרא[8] מעשה מרכבה, ובמעשה בראשית. ומבאר הרב בית לחם יהודה על השינוי שיש בפסוקים במעמד הר סיני, בפסוק אחד כתוב - ויחן שם **ישראל** תחת ההר. ומספר פסוקים יותר מאוחר כתוב וירא **העם** וינועו מרחק. וידוע כי כאשר כתוב בתורה **ישראל**, מדובר **בבני ישראל**, וכאשר כתוב **העם**, מדובר על **הערב רב**. וז"ל הרב בית לחם יהודה - ובזוהר בהעלותך דף קנ"ב ע"א קרי להעוסקים בחכמת האמת, אינון דהוי קיימי בטורא דסיני. וז"ל - חכימין עבדי דמלכא עלאה אינון דקיימו בטורא דסיני, לא מסתכלי אלא בנשמתא, דאיהי עיקרא דכלא אורייתא ממש וכו'. ונראה בעיני אם מותר, משמע אותן שאינן יודעים סודות התורה לא עמדו על הר סיני, עד כאן לשונו. ונראה לי בביאור כוונתו כי בתחלה כשיצאו ישראל לקראת האלהי"ם, היו מתייצבים בתחתית ההר, ואחר כך נאמר וירא העם וינועו ויעמדו מרחוק, כי היו יראים פן תאכלם האש הגדולה הזאת וימיתו. והיה מקצת מהעם שהיו ששים ושמחים לקראת השכינה, ולא רצו לזוז ממקומם הראשון, ולעמוד מרחוק, אפילו אם ימיתו ממש. ועליהם הוא מה שכתב בזוהר הנזכר - אינין דקיימו בטורא דסיני, כלומר ולא נעו ועמדו מרחוק, אלא עמדו בטורא דסיני מתחלה ועד סוף, ולכן הם זוכים לחכמת האמת. ואותם הנשמות אשר נעו עם העם ועמדו מרחוק, כן הם עושים גם עתה, שנסים ועומדים מרחוק לחכמת האמת מיראתם, פן תאכלם האש הגדולה הזאת. ולכן על כל אחד ואחד מבני ישראל הקדושים מחויב לעמוד תחת עץ החיים.

יראיך יראוני וישמחו כי לדברך יחלתי. בספר הזוהר הקדוש מבואר מדוע התפילות של בני ישראל לא נענות, וז"ל תיקוני הזוהר תיקון מ"ג - **בראשית תמן את"ר יב"ש** במלת בראשית יש אותיות את"ר יב"ש, **ודא איהו ונהר יחרב ויבש** היסוד הנקרא נהר יחרב ויבש ממי השפע, ואין לו מה להשפיע למלכות, **בההוא זמנא דאיהו יבש** באותו הזמן שהיסוד הוא יבש, **ואיהי יבשה** המלכות הנקראת יבשה, היא יבשה כי לא מקבלת שפע מהיסוד, אז כאשר **צווחין בנין לתתא** מתפללים וצועקים בני ישראל, **ביחודא ואמרין** וביחוד שאומרים בני ישראל **שמע ישראל** שיבא ז"א הנקרא ישראל להתיחד עם נוקבא בשעת התפילה דעמידה, עם כל זאת **ואין קול** של התפילה או הקריאת שמע שעוזרים לזיווג דזו"ן **ואין עונה** ואין מי שיענה וימלא את הבקשות בתפילתם. **הדא הוא דכתיב** וזהו שכתוב - **אז בני ישראל יקראונני**

8 גמרא חגיגה די"א ע"ב

בני ישראל בעת צרתם בקריאת שמע ובתפילה, **ולא אענה** ואני לא אענה אותם בתפלתם, מפני שלא לומדים ומתעסקים בפנימיות התורה. **והכי מאן דגרים דאסתלק** וכל מי שגורם הסלקות פנימיות תורת הקבלה **וחכמתא מאורייתא דבעל פה ומאורייתא דבכתב** מהתורה שבעל פה והתורה שבכתב, **וגרים דלא ישתדלון בהון** וגורמים גם לאחרים שלא יתעסקו וילמדו את חכמת הקבלה, **ואמרין דלא אית אלא פשט באורייתא ובתלמודא** ואומרים שאין בתורה ובתלמוד אלא פשט התורה, בלי פנימיות הסוד, **בודאי כאלו הוא יסלק נביעו מההוא נהר** בודאי נחשב לו כאילו הוא מסתלק את נביעת שפע החכמה והבינה מן היסוד, **ומההוא גן** ומן הנוקבא הנקראת גן, **ווי ליה** לאותו יהודי **טב ליה דלא אתברי בעלמא** טוב לו שלא היה נברא, **ולא יוליף ההיא אורייתא דבכתב ואורייתא דבעל פה** ולא היה לומד תורה שבכתב ותורה שבעל פה, כי דינו כעם הארץ שלא למד כלל, ועוד **דאתחשב ליה כאלו אחזר עלמא לתהו ובהו** שנחשב לו כאילו החזיר את העולם לתהו ובהו, ר"ל לסוד שבירת הכלים לפי שמגביר הקליפות כאשר הנהר והגן יבשים, **וגרים עניותא בעלמא ואורך גלותא** וגורם עניות בעולם ומאריך את הגלות השכינה וביאת המשיח. עד כאן דברי הזוהר הקדוש. וכותב רב חיים ויטאל זלה"ה בהקדמה וז"ל - אמנם שעשועות של הקדוש ברוך הוא בתורה, והיותו בורא בה את העולמו, היתה בהיותו עוסק בתורה בבחינת הנשמה הפנימית שבה, הנקרא - רזי תורה, הנקרא מעשה מרכבה, **היא חכמת הקבלה** כנודע אל היודעים, וטעם הדבר הוא להיותו עולם האצילות העליון מאד, טוב ולא רע, דלא יכיל להתערבא עמיה קליפה, ועליה אתמר - וכבודי לאחר לא אתן, כנזכר בספר התיקונין דף ס"ו תיקון י"ח, וכן בספר הזוהר בפרשת בראשית דף כ"ח ע"א עיין שם. ולכן גם התורה אשר שם]**אח"י** - בעולם האצילות[איננה רק מופשטת מכל לבושי הגופנים, מה שאין כן למטה בעולם היצירה, עולם דמטטרו"ן, הנקרא עבד טוב, והוא הנקרא עץ הדעת טוב מסטרא, ומסטרא דסמא"ל שהוא קליפין דיליה, **נקרא עבד רע**, כי התורה אשר שם, הם שית סדרי משנה **הנקראים שפחה** כנזכר לעיל, וכנזכר בפרשת בראשית שם דף כ"ז ע"א. ולכן נקראת משנה, לפי ששם יש שינויים הפוכים **טוב מסטרא דעבד טוב**, היתר, כשר, טהור. **רע מסטרא דעבד רע**, איסור, טמא, פסול. גם הוא מלשון כי מרדכי היהודי משנה למלך, שהיה שפחה הנקרא עבד מלך, מלך גם נקרא מלשון שינה, כנזכר בפרשת פינחס דף רמ"ד ע"ב - קם זמנא תנינא ואמר, מארי מתניתין נשמתין ורוחין ונפשין דילכון אתערו כען ואעברו שינתא מניכון דאיהו, ודאי משנה אורח פשט, דהאי עלמא ואנא לא אתערנא בכו, אלא ברזין עילאין דעלמא דאתי דאתון בהון, לא ינום ולא ישן. וזה יובן במה שמבואר יותר למעלה שם - **ורבנן דמתניתין ואמוראי, כל תלמודא דלהון על רזין דאורייתא סדרו ליה**. ונמצא כי המשנה והש"ס הם הנקרא גופי תורה. והנה דבריהם כחלום בלי פתרון, **ורזיה וסתריה הפנימים הנקרא נשמת התורה, הם הם פתרון החלום הנפתר בהקיץ**, בסוד - אני ישנה ולבי ער, וכמו[9] שאמרו חכמים ז"ל - **במחשכים הושיבני כמתי עולם, זה תלמוד בבלי**, אשר איננו מאיר אלא על ידי ספר הזוהר, **הם הם רזי תורה וסתריה** אשר עליהם נאמר - ותורה אור. ואין ספק כי כמו שהיצר נקראת עבד ושפחה בערך האצילות, ונקרא קליפין ולבושין דחול, כנזכר בהקדמת ספר התיקונין ד"ג ע"ב וז"ל - וביומי דחול לביש עשר כתות דמלאכיא דמשמשי לעשר ספירות דבריאה. ואם כן אין לתמוה כי התורה אשר שם שהיא המשנה, תהיה נקרא שפחה וקליפין דתורה דאצילות, וזה סוד כל הבשר חציר הנזכר

---

9 סנהדרין דכ"ד ע"א.

לעיל במאמר הראשון, כי כמו שהחטה שהיא בגימטריא כמנין כ"ב אותיות התורה, הגנוזה תוך כמה קליפין ולבושין שהם הסובין והמורסן והתבן והקש והעשב, הנקרא חציר, כן המשנה אצל סודות התורה נקרא חציר, וזה נרמז בספר הזוהר פרשת כי תצא ברעיא מהמנא דף רע"ה ע"ב - **אצל רבנן ווי לאינון דאכלין תבן דאורייתא, ולא ידעי בסתרי אורייתא, אלא קלין וחמורין דאורייתא, קלין אינון תבן דאורייתא, וחמורין אינון חטה דאורייתא, ח"ט ה' אלנא דטוב ורע וכו'**. ואלו באתי להרחיב דרוש זה לא יספיקו מאה קונטרסין בלי ספק בלי שום גוזמא, האמנם החכם עיניו בראשו כי דברי אמת אני אומר, ואל יתמה האדם בראותו ספר הזוהר איך קורא אל המשנה שפחה וקליפין, כי עסק המשנה כפי פשטיה, **אין ספק שהם לבושין וקליפין חיצונים בתכלית אצל סודות התורה הנגנזים**, ונרמזים בפנימיותה כי כל פשטיה הם בעלם הזה בדברים חומרים תחתונים..... על כן על כל בני ישראל לאכול מעץ החיים.

מה אהבתי תורתך כל היום היא שיחתי. ומבאר הרב ז"ל בהקדמה לשער המצות, כי עסק לימוד פנימיות התורה הוא חלק בלתי נפרד מתלמוד תורה, וז"ל - גם בענין עסק התורה שהיא אחת מרמ"ח מצות עשה, אם לא השלים אותה, **שהוא ענין עסקו בפרד"ס התורה**, שהוא ראשי תיבות **פשט רמז דרש סוד**, בכל בחינה מהם כפי אשר יוכל להסיג, **עד מקום שידו מגעת**, לטרוח ולעשות לו רב שילמדנו. ואם לא עשה כן, הרי חסר מצוה אחת של תלמוד תורה, שהיא גדולה ושקולה ככל המצות, וצריך **להתגלגל** עד שיטרח הארבעה בחינות של פרד"ס כנזכר. וכן מבאר הרב בית לחם יהודה בהקדמתו הקדושה, וז"ל - ומה מאד נמלצו]**אח"י** - מלשון מליצה[בזה דברי הנביא ירמיה)סימן כ"ב(באומרו - אל תבכו למת וכו'. שהוא מדבר עם הציבור המתקבצים להספיד על איזה צדיק הנפטר רח"ל, על שנחסר צדיק אחד מהדור שהיה מגין בזכותו עליהם. וקאמר להו הנביא אל תבכו וכו', **לפי שרובם של צדיקים אינם זוכים לעסוק בכל ארבעה חלקי הפרד"ס, ואם כן מוכרחים הם לחזור ולבוא בגלגול כדי להשלים לימודם בארבעה חלקים**, כי אפילו הוא עסק בשלוש חלקי הפרד"ס, לא יצא ידי חובתו, ועליו נאמר הן כל אלה יפעל א"ל פעמים שלש עם גבר, להחזירו בגלגול. ואם כן הויא פסידא דהדרא. ואפשר שבו ביום שנפטר הוא חוזר ומתגלגל, כנזכר בזוהר ריש פרשת אמור, יעו"ש. ואם כן אין לכם פסידא כל כך. אמנם בכו בכו להלך, לאותו צדיק שכבר עסק בארבעה חלקי הפרד"ס. כי תיבת להלך היא חסר ו', ואם תחשוב תיבת להלך ארבעה פעמים עם ארבעה הכוללים, שהם כנגד ארבעה חלקי הפרד"ס, הם בגימטריא פרד"ס. **שזה הצדיק לא ישוב עוד וראה את ארץ מולדתו, כי על ארבעה לא אשיבנו**. שזהו פסידא דלא הדרא באמת, ונחסר לגמרי מן העולם הזה, עד כאן לשונו. ולכן חובה על כל אדם לעסוק בכל חלקי הפרד"ס, ובפרט בחלק הסוד, הנקרא פנימיות התורה, כמבואר בזוהר הקדוש כמובא בזוהר הקדוש פרשת נשא דף קכ"ד - **בהאי חבורא דילך דאיהו ספר הזוהר יפקון ביה מן גלותא ברחמי**, בזכות הלימוד בספר הזוהר הקדוש, יצאו בני ישראל מהגלות **ברחמים**. ועוד כל מי שחשקה נפשו ללמוד, אסור למנוע זאת ממנו, בסוד הפסוק[10] - אל תמנע טוב מבעליו, ועל כל אדם להיכנס לפרד"ס החיים.

---

10 **משלי ג' כ"ז** – אל תמנע טוב מבעליו בהיות לאל ידך לעשות.

אשרי האיש אשר לא הלך בעצת רשעים ובדרך חטאים לא עמד ובמושב לצים לא ישב. דע כי יהיו הרבה אנשים רשעים, שינסו למנוע מבני ישראל הקדושים ללמוד בכללות תורה, ובפרט את תורת הקבלה, מכל מיני סיבות ומניעות, והשטן מדבר מגרונם של אלו הרשעים. ואלו דברי קודשו של בעל שבט מוסר רבינו אליהו הכהן האתמרי זצלה"ה - ובהביטך בן אדם מה שעבר על אחרים למה תרדוף אתה אחר כל אלה הדברים הזרים, להשביע נפש מרורים ולמוסרה ביד צרים המה המקטרגים הצוררים, ולמה לא תחמול על נפשך ועל נועם תבנית צלם גופך למוסרו בידן ולהשליכו בתוך גחלי רתמים בטיט היון של גיהנם, להשחירו ולהתיכו כאשר ניתך הזפת בפני האש, אשר על כן תן עצה אתה בנפשך **לברור בדרך החיים בעסק התורה והמצות**, וגם להצטער עצמך זמן קצוב הם חיי עולם הזה, כדי שתתענג זמן רב בלתי סוף ותכלית, ואל יעלה על דעתך כאשר עלה בדעת הרבה שנאבדו בידם באומרם כיון שמכיר אני בעצמי שאין בדעתי להבין ולהשכיל, איני עוסק בתורה, טועה הוא בדבר, שהרי הוא מחוייב לעשות מה שנצטוה לעשות, ואם יבין יבין, **שהרי והגית בו יומם ולילה כתיב** ולא כתיב ותבין בו, וכן תמצא בדברי התנא אם למדת תורה הרבה נותנין לך שכר הרבה, ואינו אומר אם הבנת הרבה, אלא למדת אמרו, ותשתדל להבין ואם תבין תבין, ואם לא שכר לימודך בידך, וכמאמר התנא לפום צערא אגרא, ומה גם שאמרו האדם איני לומד מפני שאיני מבין, **הוא פיתוי היצר**, יתמיד בלימודו וסוף הבינה לבא, שבראות קדוש ברוך הוא **חשקו בתורתו ודבקותו בה, פותח לו מעייני החכמה**, דכתיב - כי הוי"ה יתן חכמה מפיו דעת ותבונה. והנני מוסר לך דבר אשר תרדוף אחריה, ויהיה חיים לנפשך וענקים לגרגרותיך, **לעולם יהיה עיקר לימודך בדבר של תורה שליבך חפץ יותר**, אם בגמרא גמרא, ואם בדרוש דרוש, ואם ברמז רמז, **ואם בקבלה קבלה**, ורמז לדבר כי אם בתורת הוי"ה חפצו, כלומר תורת הוי"ה תלויה בדבר שלבו חפץ לעסוק, וכמו שמבאר האר"י זלה"ה בספר דרושי הנשמות והגלגולים פרק שלישי, וז"ל - יש בני אדם שכל חפצם ועסקם בפשטי התורה, ויש שעסקם בדרוש, ויש ברמז, ויש גם כן בגימטריות, **ויש בדרך האמת**, הכל כפי מה שעליו נתגלגל בפעם ההוא, כיון שהשלים פעם אחרת בשאר העניינים, אין צורך לו שבכל גלגול יעסוק בכולם, עד כאן לשונו. **ואל תביט ותשגיח לדברי המתנגדים על מה שחשקת לעסוק בתורה** בגמרא או בפשט או בדרוש וכו', באומרם לך למה אתה מוציא כל ימיך בפרט זה של תורה ולא בפרט זה, משום שעל מה שחשקת ללמוד, על דבר זה באת לעולם, ואם תשים דעתך לדבריהם, יכריחוך להתגלגל בזה העולם פעם אחרת ולעבור נפשך בחרב חדה של מלאך המות ולטעום טעם מיתה, ולכן לא תשמע לדברי המשחית נפשך, **כי דע שהשטן מתלבש באלו האנשים לדאוג ולהצטער ולהכאיב נפש הלומד ועוסק בתורה**, בחלק שֶׁאִוְּתָה נפשו לעסוק, כדי להבדילו משם שלא ישלים נפשו, על מה שבא להשלימה, ולהכריחו גלגולים אחרים, וכשם שבדבר שחושק יותר האדם ללמוד, משם יבין שעל דבר זה נתגלגל להשלים, כך צריך האדם שידע שורש נשמתו ומהיכן נמשך ועל מה בא לתקן ולהשלים, כמו שאמר בזוהר שיר השירים על הגידה לי את שאהבה נפשי וכו'. **וכדי שיבין יראה באיזה מצוה תקיף יצרו יותר לבטלה יתחזק בה לקיימה, כי בוודאי על מצוה זו נתגלגל**, וכדי שלא ישלים חוקו מנגדו יצרו לבטלה להוציאו מן העולם בידיים ריקניות... ולכן לא תשמע לדברי רשעים אלו, אלא תשמע לדברי **חיים**.

חבר אני לכל אשר יראוך ולשמרי פקודיך. בסוף[11] עץ חיים מובא מספר כללים למהרח"ו, וז"ל - להאר"י זלה"ה. הרמב"ן וחבריו ודברי ראשונים כמו רבי נחוניא בן הקנה לא הזכירו רק עשר ספירות, ולא גילו ענייני פרצוף כלל. **ודע שהרמב"ן והראשונים היו יודעים בפרצוף**, אלא שדברו בהעלם גדול, לרוב הגלות שלא ניתן רשות לגלות, ולהתפשט האורות הגדולים, מאחר שגברו הקליפות, וכל זר לא יאכל קדש. **אמנם בעקבות משיחא כמו בדורינו זה התחילו האורות להתפשט להיות כבראשונה**, כמו שהיה בזמן העולם מתוקן ולהתתקן מעט. ומתחלה היו האורות סתומים, היה העולם מקולקל, וכל מה שנתקלקל נסתם בגלות, ולא היו משיגין אלא עשר ספירות בסתום, בסוד הנקודות, כל אחד כלול מעשר, ובענין הפרצופים לא נתגלה להם כלל, לפי שמצאו בדברי הראשונים סתומים, ולא ידעו עומק הדברים, וחשבו שכך הוא ודברו בעשר ספירות כל אחד כלול מעשר ובחינות הרבה, ולפי שראיתי מי שחולק על דברים אלו לאמור שלא מצינו אלא עשר ספירות, ומהיכן יש לשלוט כח לאמור כמה פרצופים שנמצא יותר מעשר ספירות, ומספר רב והלא הראשונים כתבו בספר יצירה - עשר ולא תשע, עשר ולא י"א, לזה באתי לפתוח לך כחודא דמחטא, אולי תזכה להבין מקצת, וכולו לא תשורנו עין, וזהו. ובהקדמתו[12] הקדושה כותב הרב ז"ל - והנה אין בכל דור ודור שלא נמצאו בו אנשים יחידי סגולה ששרתה עליהם רוח הקודש, והיה אליהו הנביא ז"ל נגלה עליהם, **ומלמד אותם סתרי החכמה הזאת**, וכמו שנמצא כתוב בספרי המקובלים, גם בעל ספר הרקנטי כתב בפרשת נשא בפרשת ברכת כהנים..... ואנשי לבב שמעו לי, אל יהרסו אל הוי"ה, **לראות בספרי האחרונים הבנויים על פי השכל האנושי**, ושומע לי ישכון בטח ושאנן מפחד רעה. ולכן אני הכותב הצעיר חיים וויטאל, רציתי לזכות את הרבים **בהעלם נמרץ והמשכילים יבינו**, וקראתי שם החבור הזה על שמי **ספר עץ חיים**, וגם על שם החכמה הזאת העצומה, חכמת הזוהר, הנקרא עץ חיים, ולא עץ הדעת כנזכר לעיל, בעבור כי בחכמה הזאת טועמיה חיים זכו, ויזכו לארצות החיים הנצחיים, **ומעץ החיים הזה ממנו תאכל, ואכל וחי לעולם**. ואשכילך ואורך דרך זו תלך דע מן היום אשר מורי זלה"ה החל לגלות זאת החכמה, **לא זזה ידי מתוך ידו אפילו רגע אחד**, וכל אשר תמצא כתוב באיזה קונטריסים על שמו ז"ל, ויהיה מנגד מה שכתבתי בספר הזה, **טעות גמור הוא, כי לא הבינו דבריו, ואם יש בהם איזה תוספות שאינו חולק עם ספרינו זה, אל תשית לבך בקבע אליו, כי שום אחד מהשומעים את דברי קדשו, לא ירדו לעומק דבריו וכוונתו, ולא הבינום**, בלי שום ספק. ואם יעלה בדעתך לחשוב שתוכל לברור הטוב ולהניח הרע, אל בינתך אל תשען, כי אין הדברים האלו מסורים אל לב האדם כפי שכל אנושי, והסברא בהם סכנה עצומה, ויחשב בכלל קוצץ בנטיעות חס ושלום, לכן הזהרתיך ואל תסתכל בשום קונטרסים הנכתבים בשם מורי זלה"ה, זולתי במה שכתבנו לך בספר הזה, **ודי לך בהתראה זאת**, אלו הם דברי קודשו. ועלינו ללמוד אך ורק בתורת מורינו חיים.

אני קראתיך כי תענני אל הט אזנך לי שמע אמרתי. עוד כתב הרב ז"ל בהקדמתו תנאים כדי לזכות לחכמה הקדושה הזאת, וז"ל - אני הכותב משביע בשמו הגדול יתברך, לכל מי שיפלו

11 **ע"ח ח"ב דקי"ט ע"א.**

12 **ע"ח ד"ד ע"ב.**

הקונרטסים אלו לידו, שיקרא הקדמה זאת, ואם אותה נפשו לבוא בחדרת החכמה זאת, יקבל עליו לגמור ולקיים כל מה שאכתוב ויעיד עליו יוצר בראשית, שלא יבוא אליו היזק בגופו ונפשו, ובכל אשר לו, ולא לאחרים. תחת רודפו טוב והבא לטהר ולקרב. **ראשית הכל יראת הוי"ה, להשיג יראת העונש, כי יראת הרוממות, שהוא יראה הפנימית, לא ישיגוהו רק מתוך גדלות החכמה**, ועיקר מגמתו בידיעה הזה יהיה לבער קוצים מן הכרם, כי לכן נקראים העוסקים בחכמה הזאת מחצדי חקלא. **ובודאי שיתעוררו הקליפות נגדו לפתותו ולהחטיאו, לכן יזהר שלא לבוא לידי חטא אפילו שוגג**, שלא יהיה להם שייכות בו, לכן צריך ליזהר מהקלות, כי הקדוש ברוך הוא מדרדק עם הצדיקים כחוט השערה, לכן צריך לפרוש עצמו מבשר ויין כל ימות השבוע, **וצריך הזהרת סור מרע ועשה טוב**, ובקש שלום. בקש שלום צריך להיות רודף שלום, ולא להקפיד בביתו על דבר קטן וגדול, וכל שכן שלא יכעוס ח"ו.

וצריך להתרחק בתכלית הריחוק סור מרע.

א. ליזהר בכל דקדוקי מצות, ואפילו בדברי חכמים, שהם בכלל לא תסור.
ב. לתקן המעוות קודם שיבא לעולם הבא.
ג. יזהר מהכעס, אפילו בשעה שמוכיח את בניו, לא יכעוס כלל ועיקר.
ד. גם צריך ליזהר מהגאוה, ובפרט בענין הלכה, כי גדול כחה והגאוה, בזה עון פלילי.
ה. בכל צער שיבא לו, יפשפש במעשיו וישוב אל הוי"ה.
ו. גם יטבול בעת הצורך לו.
ז. גם יקדש את עצמו בתשמיש המטה שלא יהנה.
ח. שלא יעבור כל לילה ויחשוב בכל לילה מה שעשה ביום, ויתודה.
ט. גם ימעט בעסקיו ואם אין לו פרנסה כי אם על ידי משא ומתן, יכין יום שלישי ויום רביעי, מחצי היום ואילך, ובכוונה שהוא לעבודת קונו.
י. כל דבור שאינו של מצוה והכרחי, יהיה זהיר ממנו, ואפילו דבר מצוה ימנע בשעת התפלה.

ועשה טוב

א. לקום בחצי הלילה, ולעשות הסדר בשק ואפר ובכי גדול, ובכוונה כל אשר יוציא בשפתיו. ואחר כך יעסוק בתורה כל זמן שיוכל להיות בלי שינה, ובלבד שחצי שעה קודם עלות השחר יתעורר לעסוק בתורה.
ב. ילך לבית הכנסת קודם עלות השחר, קודם חיוב טלית ותפילין, להיזהר שיהיה מעשרה ראשונים.
ג. קודם שיכנס, ישים אל לבו מצות עשה ואהבת לרעך כמוך, ואחר כך יכנס.
ד. להשלים רמז צדיק בכל יום. שהוא צ' אמנים, ד' קדושות, י' קדשים, ק' ברכות.
ה. שלא להסיח דעתו מהתפילין בעת התפילה, זולת בעת העמידה ועסק התורה.
ו. צריך שיהיה עוסק בתורה, מעוטף בטלית ותפילין.
ז. לכוין בתפלה הכוונות, כמו שנבאר בע"ה.
ח. שישים תמיד נגד עיניו שם בן ארבעה אותיות הוי"ה, ויזדעזע ממנו, כמו שכתוב - שויתי הוי"ה לנגדי תמיד.
ט. שיכוין בכל הברכות, בפרט בברכת הנהנין.

י. צריך שיהיה עמל בתורה פרד"ס, שנאמר או יחזיק במעוזי, ואל יחשוב שיגלו לו רזי התורה בהיותו ריק, כדכתיב - יהב חכמתא לחכימין, וצריך ליזהר שלא יוציא בשפתיו בחכמה זו, מה שלא שמע מאדם שראוי לסמוך עליו, וכאזהרת רשב"י וחבריו. השגת החכמה תנאי הראשון, צריך למעט דבורו, ולשתוק, כל מה שיוכל כדי שלא להוציא שיחה בטילה, כמאמר רז"ל - סייג לחכמה שתיקה. גם תנאי אחר, על כל דבר תורה שלא תבינהו, תבכה עליו כל מה שתוכל. גם עלית הנשמה בלילה לעולם העליון, שלא תשוט בהבלי העולם, תלוי שתישן בבכיה. ומרת עצבות מגונה עד מאוד, ובפרט להשיג חכמה, והשגה אין לך דבר מונע השגה יותר מזה. גם בענין השגת האדם, אין לך דבר שמועיל כמו הטהרה והטבילה, שיהיה האדם טהור, בכל עת ומורי זלה"ה עם היות שהיה לו חולי השבר שהקור מזיק לו, עם כל זה לא היה מונע מלטבול בכל עת, עד כאן דברי קודשו. ועלינו לקיים את בקשת הרב ז"ל את הבחינות של[13] סור מרע ועשה טוב, כדי לטפס בעץ החיים.

מרן הרש"ש מעיד[14] על עצמו, וז"ל - וראיתי מה שכתבו מעלת כבוד תורתם, על ענין עבודת הוי"ה שקצרתי במקום שהיה ראוי להרחיב מעט הדיבור, אמת הוא כי לכתחילה קצרתי בו, **יען ראיתי כמה מהנזק יצא ממה שכתבו בזה המקובלים שקדמו, כי רבים חללים הפילו, וחלול כבוד הוי"ה, וכבוד התורה. הוי"ה יכפר בעדם, כי כל דבריהם לא על פי התורה הם, ואינם מיוסדים על האמת, ומהם יצאו אבות, ומאבות תולדות הריסת יסודי התורה ח"ו**, הוי"ה יכפר. **וכל זה לא שלמדתי בדבריהם ח"ו**, אלא שפעם אחת הוכרחתי בעל כרחי לעיין בדף אחד שכתוב בו קצור מה שכתבו בענין זה, **וכמעט שקרעתי בגדי לראות דברים אשר לא כן על הוי"ה.** הוי"ה יכפר, וכבר מילתי אמורה להם, **כי עידי בשמים כי כל עסקי ולמודי, אינו רק בדברי האר"י זלה"ה, ותלמידו מהרח"ו ז"ל לבדם, ובלעדם אין לי עסק בשום ספר מספרי המקובלים ראשונים ואחרונים, ואפילו בדברי שאר תלמידי האר"י ז"ל לא למדתי, וכשיזדמן לפני דבר מדבריהם, אני מדלגו.** כי על כן איני כמזהיר, אלא כמזכיר, למען הוי"ה אל יהי לכם מגע יד בדבריהם, ובפרט בענין זה, השמרו לכם פן יפתה לבבכם, **אלא כל לימודם לא יהיה אלא בעץ חיים ובספר מבוא שערים ובשמונה שערים המפורסמים**, שכולם דברי אלהי"ם חיים. ואני קצרתי בענין זה כל מה שאפשר, כי יראתי פן יפלו דפים אלו ביד מי שעדיין לא למד דברי האר"י ז"ל כראוי, **ויחשידני שלמדתי בספרים אחרים, ולא כן הוא כאמור**, ולכן קצרתי בו, ופיזרתי בהקדמה, עד כאן דברי קודשו של מרן הרש"ש. ואנחנו תפילה שיתגלה משיח צדיקנו במהרה בימינו, ומלאה[15] הארץ דעה את הוי"ה כמים לים מכסים, דעת תורת החיים.

---

13 **תהלים ל"ד ט"ו** – סור מרע ועשה טוב בקש שלום ורדפהו.

14 **נהר שלום דף ל"ד ע"א.**

15 **ישעיהו י"א ט'** – לא ירעו ולא ישחיתו בכל הר קדשי כי מלאה הארץ דעה את הוי"ה כמים לים מכסים.

כתב רבינו גאון הקבלה רבי אליהו מני, רבו של הרי"ח הטוב, רבי יוסף חיים בעל הספר "בן איש חי", בספרו הקדוש **כסא אליהו** כי על הלומד ללמוד כל מאמר ומאמר ארבעה חמשה פעמים בלי המפרשים, וינסה להבין את המאמר בעצמו. ואחר כך ילך לראות אם כיוון לדעת המפרשים.

וכן אני הקטן מבקש בכל לשון של בקשה, ללמוד את הדרוש כמו שהוא מובא בספר עץ חיים, ארבעה חמישה פעמים, כדי לנסות להבין את הדרוש. וכל דרוש מובא בתחילת הספר במלואו.

אחר כך יכנס ללמוד את הדרוש עם ביאור הדברים, עוד ארבעה חמישה פעמים, ואחר כך יראה את המקורות להגהות, ודברי רבותינו הקדושים, עם התרשימים וטבלאות.

ואז יעלה ויצליח בלימוד תורת האר"י הח"י.

כתב רבינו **השד"ה** רבי שאול דוויק הכהן, בהקדמת ספרו איפה שלימה, על אוצרות חיים וז"ל - וכדי שיוכל לעלות לימודו למעלה, ריח ניחוח לה'. קודם כל לימוד ימסור עצמו על קדושת ה', כי זה מועיל מאוד, כמו שכתוב בשער הכוונות דף כ"ד ע"ב, כי עתה בזמנינו בעונותינו הרבים אין יכולת לעשות זווג כתיקונו למעלה, ולסיבה זו הקץ מתארך וכו'. אמנם עם כל זה יש קצת תיקון במה שנמסור נפשינו על קידוש ה' בכל הלב, כי על ידי כן אפילו אין בנו שום מעשים טובים, והרשענו עד להפליא. הנה על ידי מסירת נפשינו להריגה, מתכפרים עונותינו כולם, ויש בנו יכולת לעלות עד אימא עילאה, כמו שאמרו חז"ל - גדולה תשובה שמגעת עד כסא הכבוד, שנאמר - שובה ישראל עד ה' וכו', עד כאן דבריו.

וזה הסדר

יקבל עליו ארבע מיתות בית דין, מארבעה אותיות הוי"ה וארבעה אותיות אדנ"י, וליחדם על ידי ארבעה אותיות אהי"ה ועל ידי עסמ"ב

סקילה	**י**	**א**	וליחדם על ידי **א**	**יוד הי ויו הי**
שרפה	**ה**	**ד**	וליחדם על ידי **ה**	**יוד הי ואו הי**
הרג	**ו**	**נ**	וליחדם על ידי **י**	**יוד הא ואו הא**
וחנק	**ה**	**י**	וליחדם על ידי **ה**	**יוד הה וו הה**

לְשֵׁם יִחוּד
קֻדְשָׁא בְּרִיךְ הוּא וּשְׁכִינְתֵּהּ

יאהדונהי

בִּדְחִילוּ וּרְחִימוּ   וּרְחִימוּ וּדְחִילוּ

יאההויהה   איההיוהה

לְיַחֲדָא אוֹתִיּוֹת י"ה בְּו"ה, בְּיִחוּדָא שְׁלִים

יהו"ה

בְּשֵׁם כָּל יִשְׂרָאֵל, לַאֲקָמָא שְׁכִינְתָּא מֵעַפְרָא, הֲרֵינִי לוֹמֵד בַּסֵּפֶר קַבָּלָה פְּלוֹנִי שֶׁהוּא כְּנֶגֶד תִּפְאֶרֶת דז"א בְּעוֹלָם הָאֲצִילוּת שֶׁבּוֹ שֵׁם מ"ה כָּזֶה יו"ד ה"א וא"ו ה"א לַעֲשׂוֹת מֶרְכָּבָה. וִיהִי רָצוֹן מִלְּפָנֶיךָ ה' אֱלֹהֵינוּ וֵאלֹהֵי אֲבוֹתֵינוּ שֶׁתְּזַכֵּךְ רוּחֵנוּ וְנַפְשֵׁינוּ שֶׁיִּהְיוּ רְאוּיִם לְעוֹרֵר מַיִין תַּתָּאִין עַל יְדֵי קְרִיאַת סֵפֶר הַקַּבָּלָה הַזֹּאת. וִיהִי נֹעַם יְהֹוָה אֱלֹהֵינוּ עָלֵינוּ וּמַעֲשֵׂה יָדֵינוּ כּוֹנְנָה עָלֵינוּ וּמַעֲשֵׂה יָדֵינוּ כּוֹנְנֵהוּ.

בָּרוּךְ ה' לְעוֹלָם אָמֵן וְאָמֵן, נֶצַח, סֶלָה, וָעֶד.

שער ד' פרק א'

כבר ידעת כי אין בנו כח לעסוק קודם אצילות י"ס ולא לדמות שום דמיון וצורה כלל ח"ו אך לשכך האזן אנו צריכים לדבר דרך משל ודמיון לכן אף אם נדבר במציאות ציור שם למעלה אין הדבר רק לשכך האזן. אמנם דע כי י"ס דאצילות הם ב' עניינים הא' הוא התפשטות הרוחניות והב' הוא כלים ואברים אשר העצמות מתפשט בהם. והנה צריך שיהיה לכל זה שורש למעלה לב' בחי' אלו ולכן צריכין אנו לדבר בסדר המדרגות מראש עד סוף והנה נתחיל ונאמר כי הלא הא"ס ב"ה אין בו שום ציור כלל ח"ו כמבואר. ואמנם כשעלה במחשבה לברוא העולמות לי' מדרגות)ע"י סדר(האציל והמשיך ממנו התפשטות אורות רבים להיותם שורשי האצילות)נ"א שרשים ומקוריים(להתאצל האצילות אח"כ. והנה כאשר נעריך ונמשיל לענין זה. כבר ידעת היות ד' יסודות לכל והם ראיה שמיעה ריחא דבור. והם ד' אותיות הוי"ה. והם סוד נשמה לנשמה ונר"ן. ונתחיל לבאר מסוד הנשמה ואילך ואח"כ נתחיל לקודם אליה ונאמר כי הלא נמשיל ונצייר האזנים כי יש בהם רוח דק בתוכם והנסיון לזה כאשר יסתום האדם אזניו ישמע בתוכו קול הברה מחמת הרוח הנצרר בתוכו. אח"כ מחוטם יוצא מתוכו הבל יותר נרגש מאזן. ואח"כ מן הפה יוצא הבל יותר נרגש מכולם וכפי ערך הדברים ובחינתם כך יהיה דקותם כי אוזן להיותו סוד בינה ההבל היוצא ממנו הוא יותר דק מהבל היוצא מחוטם. וכן הבל החוטם הוא יותר דק מהבל הפה שהוא למטה ממנו במעלה. אמנם אם נמשיל ונאמר דרך משל כי מסוד האוזן נמשך ממנו הבל ורוח מתוכו ולחוץ והוא סוד נשמה והבל היוצא מחוטם סוד רוח והבל היוצא מהפה הוא סוד נפש:

ועתה נבאר הענין כי הבל האוזן נחלק לב' אזנים. והענין הוא כי הלא יש בינה ותבונה כנודע לכן אזן ימנית הבל שלו הוא שורש נשמת בינה והבל אזן שמאלית שורש נשמת תבונה. גם הבל החוטם נחלק לב' בחי' בסוד שורש יעקב וישראל הימין ישראל והשמאל יעקב אך הבל הפה הוא א' כי הוא נגד הנוק' דז"א ואע"פ שיש לאה ורחל עכ"ז עיקר לאה מבחי' מל' דתבונה)נ"א זאת היא ו"ק דב"ן דז"א ממלכות דתבונ'(המתלבשת תוך ז"א כנודע. ולכן אינו נחשב רק לא' אך עכ"ז כיון שהם ב' בחי' גם הבל הפה נחלק לב' עם שההבל הוא מקור א' שלא כדמיון האזנים והחוטם. והוא כי בהיות הבל זה בגרון הוא סוד קול וכשיוצא מחוץ לפה הוא סוד דבור בחיתוך אותיות. הקול נגד שורש לאה והדבור נגד שורש רחל אע"פ שקול הוא בת"ת שהוא הז"א)נ"א בת"ת ז"א(עכ"ז שורש של שניהם הוא במל' דתבונה)נ"א עכ"ז שורשו במל' בינה(רק שקול נעשה נשמה לז"א)נ"א לו"ק דב"ן דז"א(והדיבור נעשה נשמה למל')שהיא רחל(ושניהן מצד הפה שהוא סוד המלכות דתבונה. והנה העינים שהם סוד ראיה שהיא החכמה הוא סוד נשמה לנשמה בסוד חכמה. ודע כי נר"ן מתלבשים תוך פנימיות הכלים שהוא הגוף. אך הנשמה לנשמה אין יכולת בגוף האדם לסובלה ונשארת מבחוץ בסוד או"מ. וכשהוא מקיף את המוח מדור הנשמה אז הוא בחי' מקיף אל הנשמה וכשהיא מקפת את הלב שהיא

מדור הרוח אז הוא בחי' מקיף אל הרוח וכשהיא מקפת לכבד מדור הנפש אז הוא מקיף לנפש כי כמו שיש ג' בחי' אלו שהם נר"ן כך הנשמה לנשמה צריך שיהיה בה בחינת ג' אלו כולם בסוד אור מקיף. אמנם הגלגולת שהוא סוד הכתר משם שורש לנשמה עליונה הנקרא יחידה. וטעם קריאתה יחידה לפי שהיא מקפת כל העולמות בבחי' נשמה)לנשמה(לבדה ולא בחי' נר"ן כמ"ש בנשמה לנשמה כנ"ל.)כי הלא לא יש רק ג' בחינת נר"ן וכנגדם יש ג' בחי' אלו בנשמה לנשמה(אבל דוגמת הנשמה העליונה הנקרא יחידה אין למטה דוגמתה בחי' ר"נ כנ"ל וכולה היא מציאות א' וז"ס הנקרא יחידה לפי שאין דוגמתה למטה כנ"ל.

<u>**דרוש להר"ר גדליה הלוי**</u>

דרוש שכתבתי מענין שרשי אצילות של עצמות וכלים שנתהוו מאח"פ ועינים בסוד ראיה שמיעה ריחא דיבור. זה מצאתי להר"ג הלוי. כאשר האורות נתפשטו מאוזן וחוטם עד נגד הפה ששם התחברות כל ההבלים ואז במקום שמתחברים יש לכולם בחינת נפש לפי שאין הבל האזן יכול להתחבר להבל פה אלא בריחוק מקום וכן הבל החוטם. אלא שא"צ ריחוק מקום כ"כ כמו הבל האזן כדי להתחבר להבל הפה ועל ידי הסתכלות העינים ובהכאה שהכה בהבל הזה נעשה הכלים ובהסתכלות זה יש פנימי וחיצון כי יש בכל איברים פנימיות וחיצוניות ונעשה כללות כליהם. ולפי שאין בראית עינים הבל היוצא אלא הסתכלות לבד אינו נעשה אלא הכלים והסתכלות ההוא גדול מכל הג' הבלים הנ"ל כי הראיי' היא י' שמיעה ה' ריחא ו' דיבור ה' הרי ד' אותיות הוי"ה שהם חבת"ם שהם נר"ן]נ"א נרנ"ח[הראייה היא חיה י' של השם הנקרא חכמה כי חכמה עליונה מאירה דרך עינים אלא שאם היה יוצא הבל ממש דרך העינים לא היה אפשר למטה לקבלה. לכן לא נמשך ממנו אלא הסתכלות לבד והיה בו כח לעשות כלים לג' בחינת אלו. י' דנשמה בהבל אזן. י' דרוח בהבל חוטם י' דנפש בהבל הפה וז"ס מרחוק ה' נראה לי ומשאר הבלים אם היה יוצא מהם הסתכלות לבד דרך מסך כמו העינים לא היה כח בהם לעשות כלים. וכ"ז הוא דין בין בבחי' התפשטות ההבל בין בהסתכלות הראות וראי' זו גימ' גבור"ה ודבו"ר גימ' רי"ו עם ד' אותיות והסתכלות זה בא ומכה במקום שמתחברים ג' הבלים ביחד שהוא בחי' נפש וזהו וירא אלהים את האו"ר כי האו"ר הוא בחי' הבל אזן וחוטם. שהוא בחי' נשמה ורוח. את הוא בחי' הפה שהוא נפש. ואז כשראה את הנפש אז ויבדל אלהים שהוא עשיית שרשי הכלים והסתכלות זה בדרך ישר עשה רושם)נ"א ראשים(בכל בחינה ובחי' כי פגע בכל בחי' ובחי' מן ההסתכלות לבחי' הבל כתר בכתר. וכעד"ז נעשה כל רושם)נ"א ראשית(הכלים. החיצונים באברים חיצונים. ופנימיים באברים פנימיים ולא נגמר זה עד שהכה הסתכלות במקום שמתחברים ההבלים שהוא התפשטות ההבלים שהוא חיצונות שלהם ומהכאת אור ההבל אל אור הסתכלות חזר אור הסתכלות בדרך אור חוזר ונעשה כלי בכל בחינה ובחינה לשאר)נ"א לזה(הגוף. החיצונות לאברים חיצונים ופנימים לאברים פנימים.)והעשר( ]וכאשר[שבהסתכלות כל הדבוק יותר אל שורשו הוא יותר עליון כי כתר)נ"א הכתר(סמוך לעין יצאה אחרונה והמל' יצאה ראשונה)נ"א הוא יותר סמוך לעין כו' כי המל'(וכשמכה וחוזר אז כל בחינת הכלים שוין שאם היסוד]נ"א שאף שהיסוד[היה מתפשט לפנים

יותר מן המל' היה שוה אל המל' אף)שהוא(יסוד שהרי נתפשט יותר כי היסוד מרוב אורו על המלכות היה בו כח להתפשט יותר ואין בו מעלה יותר אל המל')נ"א כי היסוד למעלה אל המל'(אלא מפני שזה התפשטות הוא בסוד אור חוזר שהוא חוזר ומתקרב אל מקורו אבל בבחי' הכלים עצמן הם שוים. וכשחוזר האור ומלביש ההבל נמצא כשהוא סמוך לפה גדול הבל הפה מהבל האזן כי הבל הפה הוא עתה סמוך לפה בבחי' ראש והבל האזן עדיין הוא בבחי' שאר הגוף עד שיעלה נגד האזן וע"ש בביאורינו ענין היות ב' נקבי האזן וב' נקבי החוטם וב' בחי' פה קול ודבור. שהם גרון ופה. והם בחי' לאה ורחל. ואע"פ שקול הוא בת"ת הענין הוא שמכאן נמשך מקיף)אל הדבור נ"א(מהקול אל הת"ת ומהדבור אל המל' ומה שלפעמים עלה ישראל לחכמה אע"פ שהשורש הוא כאן)הוא של ישראל הוא ת"ת(בחוטם והעינים הוא בחכמה עכ"ז עולה. כמאן דארח שעולה ריח ניחוח עד המוח. כי שם הוא חכמה ע"כ.

די"ז ע"ג 34[

הַשַּׁעַר הָרְבִיעִי

שַׁעַר אֹזֶן חוֹטֶם פֶּה, וְנֶחְלָק לְה' פְּרָקִים

שער זה הרב ז"ל מבאר את האורות היוצאים מחוץ לא"ק. וגם הוא מבאר הקדמות ושורשים לדרושי טנת"א, עולם העקודים, ומטי ולא מטי. בשער זה הרב ז"ל מבאר את עניין כניסת המוחין לז"א, וסוד התלבשות העולמות זה בזה, וסוד בינה ותבונה, ותבונה ראשונה שניה ושלישית. בהשקפה ראשונה נראה כי הרב ז"ל מדבר רק בבחינת גימטריאות וצורת האותיות, אך צריך לדעת כי שער זה הוא בסיס להבנת הרבה סוגיות בשערים הבאים.

פֶּרֶק א'

דרוש זה מקורו מספר הדרושים וצריך לכתוב מ"ק בראש הדרוש.

כְּבָר יָדַעְתָּ, כִּי אֵין בָּנוּ כֹּחַ כלומר אין לנו הסגה, ואין לנו רשות[16] **לַעֲסוֹק קוֹדֶם אֲצִילוּת עֶשֶׂר סְפִירוֹת, וְלֹא לְדַמּוֹת** הרב ז"ל חוזר ומזהיר **שׁוּם דִּמְיוֹן וְצוּרָה כְּלָל חַ"ו, אַךְ**[17] **לְשַׁכֵּךְ**[18] להרגיע את **הָאֹזֶן**[19] **אָנוּ צְרִיכִים לְדַבֵּר דֶּרֶךְ מָשָׁל וְדִמְיוֹן** כמו שהתורה דיברה

16

ואפילו שהרב ז"ל מלמד אותנו על א"ק, עם כל זאת הדרושים בעולמות א"ק הם כללים, לעומת עולם האצילות שהרב, יורד לפרטי פרטים. גם שער זה שער אח"פ, הוא דרושים השייכים לעולות א"ק, הרב ז"ל לא מדבר על ספירות ופרצופים, אלא אותיות, שהם מוסגים וסוגיות יותר דקים ונעלמים. בכל אופן להבין את עולמות א"ק, שהם בחינת שורש העולמות, אפשר ע"י הבנת פרצופי האצילות, שהם בחינת הענפים. במקום גבוהה מעל גבוהה, הרב ז"ל מקצר ומעלים את סודות הקבלה בעולמות העליונים, שהם מבחינת שורשים לעולמות התחתונים, והוא סומך על המעיין הלומד שכאשר ילמד את מערכת העולמות והפרצופים התחתונים, שהם בחינת ענפים היוצאים מהשורש, הוא ידמה מילתא למילתא, ויבין את סוד השורשים מהענפים, **וילמד ראשית דבר מאחריתו.**

17

זוהר פרשת נשא, אידרה רבה דקל"ג ע"א עם באור ותרגום – **תקונא חמישאה** התיקון החמישי. **נפיק אורחא אחרא מתחות פומא** יצא אורח אחר מתחת הפה, והוא האורח השני פנוי בלי שערות, שעובר ונמשך מתחת לפה, באמצע הסנטר, ויורד עד שיבולת הזקן, **הדא הוא דכתיב** וזהו שכתוב בתיקון הזה - **לא החזיק לעד אפו** ר"ל לא החזיק א"א את אפו לעד את אפו של ז"א. ואמר רבי שמעון לרבי יוסי - **קום רבי יוסי** לפרש את התיקון הזה. **קם רבי יוסי, פתח** הקדים **ואמר** - **אשרי העם שככה לו אשרי העם שהוי"ה אלהי"ו, אשרי העם שככה לו,** וקשה **מהו שככה לו. כמה דאת אמר** כמו שנאמר - **וחמת המלך שככה, שכיך מרוגזיה** נרגע מהרוגז. **דבר אחר** פרוש אחר, **שכיך ברוגזיה** נרגע והכעס, לפי שבזה יש בחינת חרון אף, ושכוך וביטול הרוגז דז"א תלוי בתפילה של האדם.

18

בלשון בני אדם, כך אנו יכולים להמשיל מוסגים רוחניים בלשון בני האדם[20], **לכן אף אם נדבר במציאות ציור שם למעלה, אין הדבר רק לשכך האזן. אמנם דע כי י"ס דאצילות הם ב' ענינים, האחד הוא התפשטות הרוחניות** כדמיון הנשמה שמתפשטת בגוף, **והב' הוא כלים ואברים** כדמיון הגוף, **אשר העצמות** שהם אורות הנרנח"י **מתפשט בהם** כמו שהנשמה שהיא רוחנית היא פועלת בגוף, כך עצמות האור הנקרא נרנח"י, פועל בי"ס דאצילות, שהם הכלים. **והנה צריך שיהיה לכל זה** לי"ס דאצילות, **שורש למעלה** בא"ק, **לב' בחינות אלו** שהם עצמות וכלים דאצילות, **ולכן צריכין אנו לדבר בסדר המדרגות, מראש** שהוא הא"ס **עד סוף** כל העולמות, **והנה נתחיל ונאמר כי הלא הא"ס ב"ה אין בו שום ציור** אפילו על דרך משל[21] **כלל וכלל ח"ו, כמבואר. ואמנם**

נח ח' ב' – ויזכור אלהים את נח ואת כל החיה ואת כל הבהמה אשר איתו בתיבה, ויעבר אלהים רוח על הארץ, **וישכו המים.**

ומפרש **הרמב"ן** על פסוק זה – וישכו המים, שהיו נובעין מן התהום וינוחו, מלשון וחמת המלך שככה, שנחה.

מגילת אסתר ז' י' – ויתלו את המן על העץ אשר הכין למרדכי, וחמת המלך **שככה.**

19

השאלה היא למה לשכך את האוזן, ולא את העין או המצח. הרי הרב ז"ל מדבר על אורות העין והמצח, וגדולה מזאת על אורות היוצאים דרך הגולגלתא ושערות הראש. נראה כי הרב ז"ל נקט דווקא לשכך את האזן, כי הוא מדבר על האורות היוצאים מהאוזניים ולמטה, שנקראים אח"פ, הרב ז"ל מדבר רק ברמז על אורות העינים)לאפוקי האורות היוצאים **דרך העינים**, שנקראים נקודים(והמצח, ומתחיל מאורות האוזן הנקראים ס"ג דע"ב דס"ג.

20

הקדמת רחובות הנהר ד"ח ע"ג - אמנם צריך להבין ענין עליות אלו לפי משמעות פשט הדברים, אעפ"י שאינם כפשוטם שיש בהם סודות נעלמים, הנה מתוך פשטם אפשר להבין מעט מסודם, אעפ"י שאין לסודם דוגמא עם הפשט, כי הם סודות נעלמים עמוק עמוק, לית מחשבה תופסת בהם, כ"ש דיבור אלא שדברה לתורה כלשון בני אדם, וכנזכר בסוף ההקדמה ראשונה משער ההקדמות, וז"ל - ואמנם דבר גלוי הוא כי אין למעלה גוף ולא כח בגוף חלילה, וכל הדמיונות והציורים אלו לא מפני שהם כך ח"ו, אמנם לשכך את האזן, לכשיוכל האדם להבין הדברים העליונים הרוחניים, בלתי נתפסים ונרשמים בשכל האנושי, לכן ניתן רשות לדבר בבחינת ציורים ודמיונים, כאשר הוא פשוט בכל ספרי הזוהר, וגם בפסוקי התורה עצמם, כלם כאחד עונים ואומרים בדבר הזה, כמש"ה עיני ה' המה משוטטים בכל הארץ, עיני ה' אל צדיקים, וישמע ה', וירח ה', וידבר ה', וכאלה רבות. וגדולה מכולם מש"ה ויברא אלהים את האדם בצלמו בצלם אלהים ברא אותו זכר ונקבה וגו', ואם התורה עצמה דברה כך, גם אנחנו נוכל לדבר כלשון הזה, עם היות שפשוט הוא שאין שם למעלה אלא אורות דקים בתכלית הרוחניות, בלתי נתפסים שם כלל, וכמש"ה כי לא ראיתם כל תמונה, וכאלה רבות.

21

פרדס רמונים ד"ח - מציאות אלקותו הפשוט היה מתאחד בעצם אלקותו לבד, ולא היה לו לא שם ולא אות ולא נקודה, לפי שמציאות השמות הן באצילות, וא"כ מאחר שלא היה אצילות לא היה לא שם ולא ציור. ופירוש צורה וציור, הכוונה מדה שיכונה אליו, כי האצילות הוא מדה וצורה נעלמת מושגת לנביאים ע"ה ע"י האמצעיים. אבל אז קודם אצילותו, לא היה לא שם, ולא ציור, ולא מדה כלל, אלא הא"ס מתאחד בעצם אלקותו כדפירוש. ומאן דאשתמודע ליה קדם בריאה, פירוש - הא"ס ב"ה יש לו שתי בחינות, אם שנבחנהו בערך אלקותו קודם האצילות, שהוא בחינתו הנגלית אל עצמותו, ולא לזולתו. או בחינתו המושגת, שהיא

שער ד' פרק א' אוז"פ

כשעלה במחשבה לברוא העולמות, לעשר מדרגות על ידי סדר האצילות[22], **האציל והמשיך ממנו** זאת לשון מכשילה, וזה לא כפשוטו[23] **התפשטות אורות רבים, להיותם שורשי האצילות, (נ"א שרשים ומקוריים) להתאצל האצילות אחר כך** כלומר לפני שהמאציל האציל את האצילות ובי"ע, צריך לדעת שיש לאצילות ובי"ע שורשים במקום יותר גבוהה, והם בא"ק, ולא"ק שורש יותר גבוהה, מדרגה למעלה ממדרגה, עד[24] רום המעלות.

והנה כאשר נעריך ונמשיל כאן חוזר הרב ומזכיר לנו כי הכל הוא בחינת ערך ומשל **לענין זה. כבר ידעת** כמבואר בתיקוני[25] הזוהר הקדוש **היות ארבעה יסודות לכל, והם ראיה**[26]**,**

בחינתו אל הנאצלים. ועתה אמר ומאן דאשתמודע ליה, הכוונה הרוצה לעסוק במציאותו בידיעת אלקותו למעלה מן הנאצלים, שהיא הבחינה הראשונה, צריך ליזהר שלא לצייר בו לא שם, ולא אות, ולא נקודה.

22

שהם כח"ב חג"ת נה"י. והם בעלי גבול ומידה.

23

כי לשון האציל הוא הפרשה, ולשון המשכה הוא יציאה ממקום אחד למקום שני. גם למדנו שאין שינוי בא"ס לא לפני אצילות העולמות, ולא אחר האצילות. הכוונה היא כאשר הרב ז"ל משתמש בביטוי של אצילות הוא **יש מאין**, ולא ח"ו שהאצילות הוא חלק שהופרש מהא"ס. כי ח"ו אם נצייר ציור זה, יהיה כי כל הנאצלים היו בא"ס מעקרא, והופרשו ממנו. כי יסוד היסודות במעשה מרכבה הוא – כי הא"ס ב"ה הוא אחד, ולא מקובץ מחלקים. יוצא מזה כי כל הנאצלים הם יש מאין גמור, ולא חלקים של הא"ס ח"ו. לצייר אחרת הוא עון פלילי.

24

שער הפסוקים, וירא ד"י ע"א – ודע, כי אין זו"ן מזדווגים שום זווג כלל, עד שבתחילה יזדווגו או"א. וגם או"א אינם מזדווגים, עד שבתחילה יזדווג א"א מיניה וביה כנודע. וכן על דרך זה **עד רום המעלות, עד המאציל העליון הנקרא אין סוף.** ונמצא, כי בכל זווג תחתון דזו"ן, צריך שבראשונה יזדווגו הבחינות הראשונות המקבלות מא"ס. כי הא"ס לבדו יכול לחדש בכל יום תמיד אורות חדשים, אבל הנאצלים כולם, אין יכולת וכח בשום אחד מהם לחדש שום אור, עד שיקבלוהו תחלה מהא"ס. וממשיכים אותו בכל עת ממדרגה למדרגה, בבחינת הזווגים שלהם כנזכר. ואין כח בשום אחד מהנאצלים, רק מה שנתן להם לעצמם ולצרכם בעת שנאצלו, אבל לחדש אורות חדשים ולהוליד נשמות, אין בהם כח, עד שיקבלוהו מהאין סוף כנזכר. ואז ממשיכים השפע ההיא שקבלו מהא"ס, אל הבחינות שלמטה מהם, ואחר כך גם הם מזדווגים, והם ממשיכים השפע, אל אותם שלמטה מהם, וכן הדבר הולך ונמשך מזווג אל זווג, מן הבחינות הקרובות אל המאציל, עד זו"ן המקבלים השפע והכח מן או"א שלמעלה מהם, שקדמו להזדווג קודם שיזדווג הוא בנוקביה, וחזר להמשיך כח ושפע חדש מלמעלה, משורש התרין עיטרין שלהם, אשר למעלה למעלה, ונותנים אותם בסוד מוחין חדשים לזו"ן, ואז הם מזדווגים ומולידים בנים, על ידי שהוא ממשיך טיפת מ"ד, מן החסדים הראשונים שנמשכו לו בדעת שלו מחדש, וגם נוקביה נותנת טיפת מ"ן, ממה שנמשך לה מחדש בעיטרא דגבורה שבדעת שלה, ומב' טיפות אלו, נוצר הולד ברחם שלה.

25

תקוני הזוהר, תיקון ע' דקכ"ב ע"א עם באור ותרגום – **דארבע תקונין אינון** יש ארבע תיקונים בארבע חושים של האדם התחתון, והם כנגד ארבע אותיות הוי"ה, והם **ראיה** כנגד אות י' דהוי"ה, חכמה, ושם ע"ב, כנגד עולם האצילות. **שמיעה** כנגד אות ה' ראשונה דהוי"ה, בינה, ושם ס"ג, כנגד עולם הבריאה. **ריחא** כנגד אות ו' דהוי"ה, ז"א, ושם מ"ה, כנגד עולם היצירה. **דבור** כנגד אות ה' האחרונה שבשם הוי"ה, מלכות, ושם ב"ן, כנגד עולם העשיה. **ראיה איהו למזרח, ועליה אתמר** ועליה נאמר **ואתה תחזה מכל העם אנשי חיל** ר"ל משה שהוא בחינת פנימיות ז"א, ששורשו מן החכמה, תחזה בכח הראיה ששורשה בחכמה אנשי חיל שהם סוד אות י' דהוי"ה, **וכמה נטורי תרעין תמן** וכמה מלאכים שומרי השערים יש בעינים העליונות, **דאתקריאו**

שער ד' פרק א' אוז"פ

שְׁמִיעָה, רֵיחָא, דִּבּוּר יש מושג יותר דק שנקרא שורשי עתיק ואריך דא"ק[27] והוא בגולגלתא דא"ק, ובכלים נקרא מוח שבעצמות[28]. **והם ארבעה אותיות הוי"ה**[29] כנזכר[30] בספר הזוהר הקדוש. **והם**

הנקראים **עיני הוי"ה, ועלייהו אתמר** ועליהם נאמר **פקח עיניך וראה שוממתינו. שמיעה** שורשה בבינה, סוד אות ה' הראשונה דשם הוי"ה, ומשם הם **יראי אלהי"ם** כי הבינה שורש היראה, **ועליה אתמר** ועליה נאמר **הטה הוי"ה אזנך ושמע** ר"ל האוזן היא בחינת הבינה, ושם קבלת התפילות, **ותמן** ושם הוא שורש **דחילו** היראה **ופחד יצחק** כי הבינה היא ראש לקו הגבורה, הנקרא בג"ה, **הדא הוא דכתיב** וזהו שכתוב **הוי"ה שמעתי שמעך יראתי** הרי היראה היא בשמיעה, **ומאן די משתמע תמן קליה** ומי שמשמיע קולו בשערי השמיעה, **בין באורייתא** בין בתורה, **בין בצלותא** בין בתפילה, **בין בצעקה, בלא דחילו** בלי יראה, **מיד וישמע הוי"ה ויחר אפו ותבער בם אש הוי"ה** מפני שלא נתעוררה בהם בחינת היראת השם בזמן תלמוד תורה או התפילה, מתעורר ח"ו קטרוג להביא רעה לעולם, **וכמה נטורי תרעין תמן** וכמה מלאכים שומרי השערים יש בשערי התפילה ושערי תלמוד תורה, **דאתקריאו** שנקראים **אזני הוי"ה** הממונים על שמיעת תלמוד התורה והתפילות. **ריחא**, הריח הוא סוד אות ו' דשם הוי"ה, והוא סוד החוטם, והחוטם הוא סוד פרצוף ז"א, שנקרא בכללות תפארת, **תמן** שם מושרשים **אנשי אמת** כי אמת הוא בתפארת, בסוד תתן אמת ליעקב, **ותמן סלקין כל ריחין וקטורין ועשנין דקרבנין** ובחוטם עולים כל הבחינות הרוחניות של הקטורת ועשן הקורבנות, **וצלותין דאתחשיבו כקרבנין** והתפילות נחשבות כקורבנות, בסוד ונשלמה פרים שפתינו, והם כדי להמתיק את הגבורות שבחוטם, **ואם לא סליק לון בר נש בדחילו ורחימו** ואם ח"ו לא יעלה אותם האדם ביראה ואהבה, **מה כתיב ביה** מה כתוב בו, **כי אז יעשן אף הוי"ה וקנאתו באיש ההוא** ר"ל שמתעורר הדין על אותו אדם ח"ו להענישו. **דבור**, הדיבור הוא בפה, סוד אות ה' האחרונה דשם הוי"ה, והיא בחינת המלכות, בסוד מלכות פה תורה שבעל פה קרינן לה, **לקבל** הוא כנגד **שונאי בצע** דהיינו אלו ששונאים את החיצונים הנאחזים ויונקים מן המלכות, **תמן** והם **סלקין קלין ודבורין דאורייתא וצלותא** מעלים את הקולות והדבורים של התורה והתפילה בפה שהוא בחינת המלכות, **אלין דאתמר עלייהו** ועל אלו המלאכים נאמר **כי עוף השמים יוליך את הקול, ובעל כנפים יגיד דבר**, ר"ל מגיד ומעלה את דברי התורה והתפילה למקום האוזנים שהם בבינה, ששם מקום השמיעה וקבלת התורה והתפילה. גם בפרטות בכל בחינה ובחינה מארבעה תיקונים אלו, ויש את ארבעה הבחינות האלו, וזהו **לא אית תקונא מאלין ארבע דלית תמן הוי"ה** אין שום תיקון מאלו הארבעה תיקונים, שאין בו כל אלו הארבעה תיקונים הרמוזים בשם הוי"ה, **ואיהו י' אסתכל** האדם מסתכל מבחינת אות י' דהוי"ה, בחינת החכמה, ומבחינת אות **ה'** הראשונה דשם הוי"ה **ושמע** האדם שומע, והשמיעה בחינת הבינה, ומבחינת אות **ו'** דשם הוי"ה **ומריח** האדם מריח, והריח הוא בחינת החוטם, והוא סוד פרצוף ז"א, חג"ת נה"י, הנקרא בכללות תפארת, ומבחינת אות **ה'** האחרונה דשם הוי"ה **וממלל** האדם מדבר, והדיבור הוא בחינת הפה, סוד ספירת המלכות, **באלין ארבע תקונין** ובאלה ארבעה תיקונים, שהם ראיה, שמיעה, ריח ודיבור, מאירים אותיות הוי"ה.

26

בית לחם יהודה ש"ד פ"א - ראיה שמיעה ריחא דיבור. ראיה היא גדולה מכולם, שהיא חיה כמ"ש בסמוך, והיא יו"ד דהוי"ה. ואף על פי שעולם הנקודים היוצאים מעיני א"ק, הם פחותים מאורות אח"ף, שאני התם משום שעיקר הנקודים הם מב"ן דא"ק, אלא שיצאו **מדרך העינים**, אבל ראיה דהכא הם אורות העינים עצמם, ועיין בדב"ש דל"ג ע"ד, ובהרב יפה שעה בריש פ"א דנקודים, ובשער הקדמות די"ד סוף ע"ג, ודל"א ע"ב.

27

סדור הרש"ש, תפילה אחר תיקון חצות, הנמצאת בספר אמת ליעקב למקובל יעקב שאלתיאל נינו

אמת ליעקב חלק שפת אמת דקכ"ב ע"א – יהי רצון מלפנך או"א שימשך מן הא"ס ב"ה אור גדול ושפע גדול לשורש יחידה העליונה המלובש בעתיק וא"א דא"ק, ומשם....

28

תורת חכם דקע"ב ע"א – הנה אני מוכן ומזומן בכ"ד שעות של היום הזה לקיים בתרי"ג אברים של עור, בשר, גידים, ועצמות, ומוח שבעצמות, דאברים פנימיים וחיצוניים, ובראייה, שמיעה, וריח, וקול, ודיבור, וכל החושים דגופי לקיים כל מ"ע.....

29

סוד מלמעלה למטה **נשמה לנשמה** שנקראת חיה, **ונר"ן** שהם נשמה, רוח, נפש. **ונתחיל לבאר מסוד הנשמה ואילך, ואחר כך נתחיל** ונבאר **לקודם אליה** שהיא החיה, **ונאמר, כי הלא נמשיל ונצייר האזנים, כי יש בהם רוח דק בתוכם, והנסיון לזה** רק **כאשר יסתום האדם אזניו, ישמע בתוכו קול הברה, מחמת הרוח הנצרר בתוכו**[31]**. אחר כך מהחוטם יוצא מתוכו הבל יותר נרגש מאזן**[32] כלומר יותר עכור וגשמי ביחס להבל היוצא מהאוזן. **ואחר כך מן הפה יוצא הבל יותר נרגש מכולם**[33] ביחס להבל היוצא מהאזן והחוטם, **וכפי ערך הדברים ובחינתם, כך יהיה דקותם** כך היוצא מהעין, הוא יותר דק וזך ונקרא הסתכלות ונקרא הארה[34], והיוצא מהגולגולתא יהיה יותר זך ודק

תרשים א – א.

30

זוהר פרשת פנחס, רעיא מהימנא דרכ"ט ע"ב עם תרגום וביאור – **ובראייה ושמיעה וריחא ודבור שריא הוי"ה** בארבע חושים אלו של ראיה שמיעה ריח ודיבור, שורות ארבעה אותיות הוי"ה, ראיה אות י' דהוי"ה, שמיעה אות ה' ראשונה דהוי"ה, ריח אות ו' דהוי"ה, דיבור אות ה' אחרונה דהוי"ה, והם ארבע תיקוני הראש, עין, אוזן, חוטם, פה. ארבעה תיקונים הנעשים על ידי פעולות גשמיות באברי הגוף, **בידים עשייה. בממשוש בכל הגוף. בשמוש** הברית להוליד. **הלוך** ברגלים. **שריא** שורות ארבע אותיות שם **אדנ"י** והוא במלכות.

31

שער גן עדן, דרך האמת, דרך ג', בו יתבאר סוד העולמות שיצאו מזה האדם קדמון - ודע אחי, שבאזן יש בו צנור שמוציא הבל, הזה תבחנו בסתימת נחירי נקבי האזנים היטב, אז תרגיש קול הברה באזנים, וזה האות והמופת שמן האזן יוצא הבל, והוא מורה על זה האור היוצא מזה האדם קדמון, מן האזנים שלו, שהוא בחינת שם ס"ג שבו, שמלוי ס"ג הוא סוד הב"ל במספר השוה.

32

שער גן עדן, דרך האמת, דרך ג', בו יתבאר סוד העולמות שיצאו מזה האדם קדמון - לפי שנקבי החוטם קרובים יותר מנקבי האזנים היה בהם מעט גלוי יותר וקרוב להתהוות בחינת כלים . אבל לא נתהווה ממש בחינת כלים כי עדיין לא נחחברו חיבור גמור.

33

שער גן עדן, דרך האמת, דרך ג', בו יתבאר סוד העולמות שיצאו מזה האדם קדמון - ואחר כך יצאו האורות שהם בחינת הטעמים התחתונים דס"ג, והם האורות שיצאו דרך הפה דא"ק, ויצאו גם כן על דרך האורות מאזן וחוטם, ונתפשטו יותר למטה עד מקום טבור של זה האדם קדמון, ולפי שיצאו ממוצא אחד שהוא הפה, נתחברו שני הבחינות היינו פנימים עם מקיפים חיבור גמור, ולכן נתגלו כאן כל ה' חלקי נשמה, גילוי גמור ויוצאים מן הפה, דרך ה' מוצאות שהם אחה"ע גיכ"ק כו', שהוא סוד כ"ב אותיות שמהם נעשה בחינת הכלים, כמבואר מתוך דברי האריז"ל, שבחינת כלים נתהוו מן הכ"ב אותיות.

34

ע"ח ש"א ענף ה דט"ו ע"א - ואם בכל אותן האורות שיצאו והאירו ממנו. אם בבחינת אורות האוזן. אם בבחינת אורות החוטם. אם בבחינת אורות הפה הנקרא עקודים. ואם בבחינת אורות העין הנקרא עולם הנקודים, שהוא עולם האצילות טרם תקונם. ואם בבחינת אורות המצח שהוא בחינת עולם האצילות אחר שנתקן.

ע"ח ש"י פ"ב מ"ת דמ"ח ע"ב - וכבר ביארנו לעיל כי הדברים הולכין במדרגה, כי הבל האזן אינו נרגש, ומועט מן הבל היוצא מן החוטם, והבל החוטם מועט מהבל הפה, אמנם בזה נשתוו שלשתן שמעלין הבל. אך העין אין לו הבל אלא הסתכלות בלבד, וטעם השינוי זה לפי שהג' הם בחינת טעמים, אך העין הוא בחינת נקודות ס"ג שהוא למטה ממדרגות הטעמים, והנה אור שם מ"ה החדש הזה היוצא מן המצח דא"ק, הוא אחרון

מהבל העין, **כי אוזן להיותו סוד בינה,**[35] **ההבל היוצא ממנו, הוא יותר דק מהבל היוצא מחוטם** שהוא סוד חג"ת נה"י. **וכן הבל החוטם הוא יותר דק מהבל הפה** והוא סוד המלכות, **שהוא למטה ממנו** מהחוטם **במעלה. אמנם אם נמשיל ונאמר דרך משל** וכדי לדרג את אורות אח"פ, בערך הנר"ן, **כי מסוד האוזן נמשך ממנו הבל ורוח מתוכו** [די"ז ע"ד 34] **ולחוץ, והוא סוד נשמה, והבל היוצא מחוטם סוד רוח, והבל היוצא מהפה הוא סוד נפש**[36] סוד העין בערך זה, יהיה חיה, והגולגותא יחידה[37].

ועתה נבאר הענין שורשי פרצופי האצילות, שנמצאים בא"ק, בצורה יותר עמוקה[38], **כי הבל האוזן נחלק לב' אזנים**[39] כמו שלאדם התחתון יש שני אוזניים. **והענין**[40] **הוא** צריך לדעת **כי**

מכולם, לכן אין בו לא בחינת הבל כמו הג', ולא בחינת הסתכלות, כמו נקודת העין, ואין בו רק בחינת הארה לבד.

35

אורות הגולגלתא הם כתר, העינים בחינת חכמה, אוזנים בינה, חוטם חג"ת נה"י, פה מלכות.

תרשים א – ב.

36

תרשים א – ג.

37

אצל האדם התחתון דקות האברים של הפנים היא בצורה זאת. הרב ז"ל אמר שהפה שהוא הכי עכור מבחינת ההבל היוצא ממנו, כך גם דבורו וקולו של האדם מגיע עד מרחק מסוים. לעומת החוטם שהוא יותר רוחני מהפה, האדם יכול להריח ממרחק יותר גדול מהמרחק שקולו מגיע, האוזן שמבחינה רוחנית היא יותר רוחנית מהחוטם, יכולה לשמוע ממרחק יותר רחוק מהריח שמריח האף. העין היא יותר רוחנית מהאוזן, כך גם מרחק הראיה של האדם גדול לאין שעור לעומת מרחק השמיעה, האדם יכול לראות למרחק של קילומטרים רבים. המצח הוא סתום וחתום, אפשר שרמזו בו חז"ל שהאדם הראשון היה רואה מסוף העולם ועד סופו.

38

עולם האצילות מתחיל מטבור דא"ק ולמטה, והוא בחינת הענפים היוצאים מא"ק. כאן הרב ז"ל מלמד אותנו על השורשים דעולם האצילות, ושורשים אלו דעולם האצילות נמצאים מהטבור דא"ק ולמעלה. הרב ז"ל מתחיל משורשי פרצופי אימא ותבונה, ולא מדבר על שורשי פרצופי עתיק ונוקבא דעתיק, לא על שורשי פרצופי א"א ונוקבא דא"א, ולא על שורשי פרצופי אבא וישראל סבא. הרב ז"ל מסתיר את הפרצופים כי השורש שלהם נעלם.

לפי דעת הבל"י בינה ותבונה הם ישסו"ת, ושורש או"א עלאין הם בעין ימין ושמאל. לפי דעת הרב חסדי דוד השורשים של עתיק, ונוקבא דעתיק)בהגהות וביאורים כתוב – אולי צ"ל א"א ונוקבא, אבל עתיק הוא לעילא מהגולגולתא, וכמו שכתב בשער הכוונות רפ"ו, ועיין לקמן בסימן ע"ו(הם בגולגולתא, ושורש אבא ויש"ס בעינים. הרב חיים ויטאל ז"ל העלים את שורשי אורות העין והגולגולת דאצילות, ויכול להיות כי הרב חסדי דוד למד את זה מתוך דברי הרב, והוסיף פרטים אלו שחסרים בע"ח.

חסדי דוד דנ"א ע"ב סימן נ"ה - שורש י"ב פרצופים אלו דאצילות, הוא בגולגלתא ועינים ואח"פ דא"ק, דהיינו הגולגלתא שהיא יחידה, הוא שורש עתיק ונוקבא, ונקרא יחידה. והעינים שהם חיה, הם שורש אבא)וישסו"ת( ]ויש"ס[ונקרא חיה. והאזנים שהם הם נשמה, והם שורש בינה ותבונה. והחוטם נקרא רוח, והוא שורש ז"א, שהוא ישראל ויעקב. וקול ודיבור שבפה הוא נפש, והם שורש לאה ורחל.

הלא יש בעולם האצילות **בינה**[41] **ותבונה**[42] **כנודע**[43], והרב ז"ל בא ללמד אותנו עכשיו היכן נמצאים שורשי הבינה והתבונה, **לכן אזן ימנית** דא"ק **הבל שלו הוא שורש נשמת בינה** דאצילות, שהיא אימא עילאה, **והבל אזן שמאלית** דא"ק **שורש נשמת תבונה** דאצילות[44]. **גם הבל החוטם** דא"ק **נחלק לב' בחינות, בסוד שורש** פרצופי **יעקב וישראל** דאצילות, שהם בחינת צד הזכר דז"א,[45] כאשר ישראל הוא ו"ק דמ"ה, ויעקב הוא מלכות דמ"ה[46], **הימין** פרצוף **ישראל**

תרשים א – ד.
39

ע"ח ש"ה פ"א ד"כ ע"ד - והנה כאשר יצא האור דרך נקבי האזנים, ימנית ושמאלית, נתפשטו האורות האלו מבחוץ ממקום האזנים, עד מקום שבולת הזקן, ונמשך בהתפשטותו מנגד התפשטות שער הזקן, הצומח בלחיים בצדדי הפנים, וכנגדו נתפשט ונמשך אור הזה, עד שמגיע למטה בשבולת הזקן, ושם מתחברים האורות היוצאים מב' נקבי האזנים, אמנם לא נתחברו בחבור גמור, אבל נשאר ביניהם חלל מעט.
40

בית לחם יהודה ש"ד פ"א – והענין כי יש בינה ותבונה. הכוונה על הישסו"ת, שהם זה כנגד זה, כמו שרשם שהם אזן א"ק. אבל העין שהיא שורש החכמה כמ"ש בסמוך, הם או"א עלאין, שהם ג"כ זה כנגד זה.
41

הרב מעלים כאן את פרצוף אימא, וקורא לה בינה, שהיא בחינת ספירה, לעומת התבונה שהיא בחינת פרצוף.
42

התבונה היא בחינת מלכות דאימא, ומלבישה את אימא מהחזה ולמטה, וגם כן בפרצוף אבא, המלכות שלו נקראת ישראל סבא, ומלבישה את אבא מהחזה ולמטה.

תרשים א – ה.
43

בכל עולם יש באופן כללי ה' פרצופים, שהם א"א, או"א, וזו"ן.
באופן פרטי כל עולם מתחלק לי"ב פרצופים, שהם עתיק ונוק' דעתיק, אריך ונוק' דאריך, אבא ואימא, ישראל סבא ותבונה, ז"א ונוק', ויעקב ורחל. וחלוקה לפי דרוש הדעת.

תרשים א – ו.

נהר שלום די"ג ע"ד - וכבר נת"ל בהקדמה ד' ז' ע"ב ד"ה זה הכלל, כי כמו שמתחלקים ונפרטים הי"ס דכל עולם לי"ב פרצופים, כן הוא בכל פרטי י"ס דכל פרצוף, דכל פרט פרצופי אבי"ע דחיצון ואמצעי ופנימי דפנימיות ודחיצוניות, שנחלקים לי"ב פרצופים דוגמת י"ב פרצופי האצילות, כי חב"ד של הפרצוף ההוא נקרא עתיק ונוקבא, וא"א ונוקבא, כי החו"ב נקראים עתיק ונוקבא, וחו"ג דדעת נקרא א"א ונוקבא, ואלו הד' פרצופים נקרא חב"ד שבכתר, דוגמת מה שמתגלה מעתיק וא"א הנקרא כתר דכללות האצילות, ובהם מתלבשין שורשי המוחין של הפרצוף ההוא. וחג"ת של הפרצוף ההוא נקרא או"א וישסו"ת, כי החסד והגבורה נקרא או"א, והחו"ג דת"ת נקרא ישסו"ת, ואלו הד' נקרא חב"ד של הפרצוף ההוא, דוגמת או"א וישסו"ת הנקרא חב"ד דכללות האצילות, ולפי שאינם מלבישים אלא את חג"ת דא"א, כי משם שורשם נקרא חג"ת, אמנם בערך הפרצוף ההוא נקרא חב"ד ובהם מתלבשים ומתפשטים המוחין דחב"ד של הפרצוף ההוא.
ונה"י של הפרצוף ההוא נקרא זו"ן ויעקב ורחל, כי נו"ה נקרא זו"ן, וחו"ג דיסוד נקרא יעקב ורחל, ואלו הד' נקרא ו"ק, דוגמת זו"ן ויעקב ורחל ו"ק דכללות האצילות, אלא שלפי שאינם מלבישים רק את נה"י דא"א, כי משם שרשם, נקרא נה"י, אמנם בערך הפרצוף ההוא הם בחינת ו"ק, ובהם מתלבשים ומתפשטים המוחין דו"ק של הפרצוף ההוא.
44

תרשים א – ז.
45

תרשים א – ח.
46

דאצילות, **והשמאל** פרצוף **יעקב** דאצילות[47]. **אך הבל הפה הוא אוזר, כי הוא נגד הנוקבא דז"א** שהיא בחינת צד הנוקבא דז"א, והיא ב' בחינות, האחת לאה הגדולה הנקראת ו"ק דב"ן, השניה רחל הקטנה הנקראת מלכות דב"ן, **ואף על פי שיש לאה** שהיא בחינת ו"ק דב"ן **ורחל** שהיא בחינת מלכות דב"ן[48], **עם[49] כל זה** כאן יש ערבוב סוגיות בדברי הרב[50]. **עיקר לאה** הנקראת קשר של תפילין[51], אין לה שורש בפה, היא יוצאת **מבחינת מלכות דתבונה** בשעה שז"א מקבל את בחינת המוחין שלו, ומכח הארה זאת, יוצא פרצוף לאה[52] והיא עומדת מצד אחור דז"א[53] כאשר הכתר שלה מתחיל מהדעת דז"א עד

תרשים א – ט.

47

גמרא ברכות די"ב ע"ב - האמרו לו לא שתעקר יציאת מצרים ממקומה, אלא שתהא שעבוד מלכויות עיקר, ויציאת מצרים טפל לו, כיוצא בו אתה אומר)**בראשית ל"ה י**(לא יקרא שמך עוד יעקב, כי אם ישראל יהיה שמך, לא שיעקר יעקב ממקומו, אלא ישראל עיקר, ויעקב טפל לו.

48

איך אפשר שיהיה שורש אחד לשתי פרצופים. הרי יש רק פה אחד.

תרשים א – י.

49

בית לחם יהודה ש"ד פ"א – עם כל זה עיקר לאה מבחינת מלכות דתבונה המתלבשת תוך ז"א מן הגרון עד החזה שלו. וכלומר וממה שמתלבשת בגרון דז"א, שהיא המלכות דתבונה, משם הוא שורש לאה, ולא מהבל הפה עצמו, ועיין בדברינו בפרק ב' דשער כ"ה ריש כלל ט' מש"ש. ולכן אינו נחשב רק לאחד. ר"ל להבל אחד

50

והרב מכניס כאן את לאה הנקראת קשר של תפילין, אשר באמת לא קשורה לסוגיה זאת.

51

לאה הזאת, הנקראת קשר של תפילין, היא לא ממערכת הי"ב פרצופי האצילות, כי אם פרצוף חיצוני הנתלה באחורי ז"א מדעת דז"א עד החזה דז"א. פרצוף לאה קשר של תפילין יוצא מכח הארת מלכות דאימא שהיא התבונה המתלבשת תוך ז"א.

גמרא ברכות ד"ז ע"א – והסירותי את כפי וראית את אחרי, אמר רב חנא בר ביזנא, אמר רבי שמעון חסידא, מלמד שהראה הקדוש ברוך הוא קשר של תפילין.

תרשים א – י"א.

52

יוצא מזה ששורש לאה הנקראת קשר של תפילין, הוא באוזן ולא בפה, כי היא יוצאת מהארת התבונה המתלבשת בז"א, ושורש התבונה הוא באוזן שמאל.

ע"ח שער הכללים פי"ב ד"ט ע"ד - ודע כי הלא חצי ת"ת תחתון ונה"י דאמא נכנס הכל תוך ז"א, והבחינה הראשונה שנכנסה היא מלכות דתבונה בתחלה, כי התחתון נכנס בראשון כנודע, ומקומה בדעת ז"א, ושם כנגדה מהאחוריים דדעת ז"א, **מכח הארה זו דמלכות יצאה לאה מאחוריים**. וזה סוד הראהו הקב"ה למשה קשר של תפילין. ולפי שאין לה כל כך הארה מהמוחין דז"א עצמן, רק מן המלכות לבד, לכך היא בחינת עור לבד, שהוא קשר של תפילין. אך התפילין עצמן הם הבתים של עור, ובתוכם ד' פרשיות, שהם הארת המוחין עצמן הבולטים במצחא דז"א.

תרשים א – י"ב.

53

לאה הנקראת קשר של תפילין לא נכללת בתוך י"ב פרצופי האצילות. והיא בחינת הארת מוחין היוצאת מהתבונה שמתלבשת תוך ז"א.

ע"ח ח"ב של"א פ"ה מ"ת דל"ד ע"ג - דע כי מצד המוחין שנתפשטו בז"א, אע"פ שצריכין לו לעצמו, עכ"ז יוצאין מהם הארות לחוץ, כי למעלה במקום המוחין עצמו אשר שם כל בחינת ריבוי האורות ההם, אז האירו האורות לחוץ, דרך אחורי הז"א, ויוצאה פרצוף לאה באחורי ז"א, למעלה מן הראש ועד החזה דז"א,

החזה שלו, וזאת היא הלאה המפורסמת, שכולם מכירים, הרב ז"ל הסתיר את הלאה שבסוגיה זאת[54], והיא מוזכרת ברמז בע"ח, כאן הרב ז"ל הלביש אותה בלאה הנקראת קשר של תפילין, (צ"ל **נ"א** נוסחה אחרת[55] **וזאת היא ו"ק דב"ן דז"א**, ולא גורסים **ממלכות דתבונה** וצריך למחוק ממלכות דתבונה) **המתלבשת תוך ז"א כנודע. ולכן**[56] **אינו נחשב** הפה **רק לאחד, אך עם**[57] **כל זה כיון שהם ב' בחינות** לאה ורחל, **גם הבל הפה נחלק לב', עם** אפילו **שההבל הוא מקור אחד, שלא כדמיון האזנים והחוטם** שלכל אחד מהם יש שתי מקורות. **והוא כי בהיות הבל זה בגרון, הוא סוד קול** שהוא יותר רוחני מדיבור, את הקול אי אפשר להבין, **וכשיוצא**[58] הקול מהגרון **מחוץ לפה, הוא סוד דבור בחיתוך אותיות** על ידי ה' מוצאות

ויוצאה מבחינת הארת המוחין דמצד אמא, שהיא נקבה כמוה, שאין לה רק מסך א' לבד לבקוע ולצאת ולסיבת המסך ההוא, לאה כולה דינין, כמ"ש בע"ה.

54

כמו שפרצופי או"א יש בחינות של או"א עלאין, שהם הצד הזכר, ויש גם בחינת ישסו"ת, שהם בחינת הצד הנקבה, שבפרצופים אלו. כך גם לז"א יש בחינת זכר ונקבה שבו, הנקראים לובן ואודם, כאשר צד הזכר הוא בחינת הלובן ונקרא ישראל, וצד הנוקבא שבו הוא בחינת האודם, ונקרא לאה. לפעמים הרב חיים ויטאל והרש"ש קוראים ללאה זאת - ו"ק דב"ן, לאה הגדולה, לאה, רחל הגדולה, נוק' שבו, המלכות שבגופו, האודם שבגופו, נוקבא עילאה, ועוד. וכל זה מפני כבוד אלהי"ם הסתר דבר.

לאה הגדולה שהיא ב"ן דו"ק שווה בקומתה לישראל שהוא ו"ק דמ"ה, ולא כמו לאה קשר של תפילין שהיא מגיעה עד חזה דז"א.

נהר שלום דל"ד ע"ג - נחזור אל הענין, כי כשנתקן פרצוף כתר דאריך דאצילות, נתקן מהכתרים דכתרים דחכמות, דכל פרצופי האצילות, ושני כתרים דכתרים דחכמות דמ"ה וב"ן דז"א, ניתנו בב' פאות ראשו, והם שרשים דזו"ן, ר"ל הו"ק דמ"ה ודב"ן דז"א, דכר ונוקבא, ועליהם נאמר שני המאורות הגדולים, **שוים בקומתם.**

תרשים א – י"ג.

בדרך כלל הרב כותב כי ישראל סבא)שהוא מלכות דאבא(מלביש על האבא מהחזה ולמטה, והתבונה)שהיא מלכות דאימא(מלבישה על אימא מהחזה ולמטה. גם רחל הנקראת עטרת היסוד דז"א, והיא מלכות דז"א,)שהיא בעצם יעקב ורחל עטרות היסוד דז"א(, מלבישה על ז"א)שהוא בעצם ישראל ולאה הגדולה(מהחזה דז"א ולמטה.

תרשים א – י"ד.

גמרא נידה דל"א ע"א - תנו רבנן, שלשה שותפין יש באדם, הקב"ה ואביו ואמו, אביו מזריע הלובן, שממנו עצמות, וגידים, וצפרנים, ומוח שבראשו, ולובן שבעין. אמו מזרעת אודם, שממנו עור, ובשר, ושערות, ושחור שבעין. והקב"ה נותן בו רוח, ונשמה, וקלסתר פנים, וראיית העין, ושמיעת האוזן, ודבור פה, והלוך רגלים, ובינה, והשכל. וכיון שהגיע זמנו להפטר מן העולם, הקב"ה נוטל חלקו, וחלק אביו ואמו מניח לפניהם.

55

לשון זאת היא לשון הזהב של הרש"ש, כי בשום מקום הרב חיים ויטאל לא מזכיר לשון זאת. וזאת היא הגהה של הרש"ש בספר עץ חיים שלו שהיה בכתב יד, והמדפיסים הכניסו את ההגהה הזאת בתוך גוף ע"ח. כמו שמובא בספר שרשי הים לרבי יעקב הלל.

56

בית לחם יהודה ש"ד פ"א – ולכן אינו נחשב רק לאחד. ר"ל להבל אחד.

57

בית לחם יהודה ש"ד פ"א – עם כל זה כיון שהם ב' בחינות. של נקבות.

58

שער ד' פרק א' אזו"פ

הפה, שהוא הדיבור, יש לקול צורה וכלים[59]. **הקול[60] נגד שורש לאה** ו"ק דב"ן, שהיא לאה הגדולה, **והדבור[61] נגד[62] שורש רחל** שהיא מלכות דב"ן, שהיא רחל הקטנה[63], **אע"פ[64] שקול הוא בתפארת[65], שהוא הז"א[66] (נ"א בת"ת ז"א), עם[67] כל זה** לפי פשט דברי הרב ז"ל

בית לחם יהודה ש"ד פ"א – וכשיוצא מחוץ לפה. כלומר מחוץ לגרון עד הפה.

59

ע"ח ש"ח פ"ו מ"ת דל"ט ע"ג - והנה בענין העקודים כבר נת"ל, ענין בחינת טנת"א שבהם, ונבארם פה בבחינת הנקודים, ונאמר כי בחינת הנקודים הם האורות הראשונים שיצאו בראשונה, **והאותיות הם הכלים**, ואח"כ כשנשברו הכלים ונפרדו איש מעל פני מתו האורות נשארו בבחינת תגין על **האותיות שהם הכלים**, והטעמים הוא שם מ"ה החדש, שיצא אח"כ מאור המצח לתיקון המלכים כמ"ש בע"ה.

60

בית לחם יהודה ש"ד פ"א - הקול נגד שורש לאה. כי שם בגרון מתלבשת מלכות דתבונה.

61

בית לחם יהודה ש"ד פ"א - והדיבור. שהוא מחוץ לגרון שאין שם מקום המלכות דתבונה, כי המלכות דתבונה היא מתפשטת תוך הז"א ביושר, מן הגרון עד החזה שלו, ואינה יוצאה מדרך הפה.

62

בית לחם יהודה ש"ד פ"א - נגד שורש רחל. ומשום הכי היו לאה ורחל זו למעלה מזו, כמו שרשם.

63

שורש לאה קשר של תפילין הוא באוזן שמאל דא"ק, ובאוזן שמאל נמצאת בינה דא"ק, ושורש לאה ו"ק דב"ן, ורחל מלכות דב"ן הם בפה דא"ק. גם באדם התחתון שורש הנקבה התחתונה הוא בפה.

גמרא קדושין דמ"ט ע"ב - עשרה קבים שיחה ירדו לעולם, תשעה נטלו נשים, ואחד כל העולם כולו.

64

בית לחם יהודה ש"ד פ"א – אף על פי שהקול הוא בתפארת. אינו לשון קושיא חזקה, אלא כלומר עם שהקול הוא בתפארת שהוא הז"א. כנזכר בזוהר שמות דף כ"ה ע"ב, ודף רס"ב ע"ב, וז"ל - רזא לחברייא דיהכון באורח מישר מחשבה, ורעותא, וקלא, ומלה, וכו'. שהם או"א וזו"ן, כמ"ש בפרק ב' דשער מ"ז, יעו"ש. וכן בזוהר ויקרא פרשת צו דף ל"א ע"ב, בענין ז' קולות הנזכרים במזמור הבו לה' בני אלים, אמרינן התם שהם כנגד ז"ת. וכן כתב בזוהר פינחס דף רכ"ח ע"א, ודף רל"ב ע"א, יעו"ש. וכן כתב רז"ל גם כן בסוף פרק ו' דשער מ', יעו"ש. ואם כך היכי אמרינן שהקול הוא נגד שורש לאה.

65

ע"ח ח"ב שמ"ז פ"ב דק"ו ע"א - גם העצמות הא"ס יוצא דרך שם בסוד הקול והדבור, היוצא מן ההבל הפה ע"י הכאת השפה אל שפה, ושיניים אל שינים, וכיוצא בזה, וכבר ידעת כי מסך זה נעשה ע"י הבינה דאצילות כנ"ל, והבינה נקרא פה, שמנה יוצא הקול והבל, ולכן בי"ס דבריאה לאו איהו וגרמוי חד בהון, ולא הא"ס חד בהון כמו האצילות, והרי יש בבריאה ג' בחינות שהם - הארת הכלים, והעצמות, והבינה של האצילות בבריאה, ועיין בזהר פרשת פקודי דרס"ב במ"ש שם בענין מחשבה, רעיתא דלבא, קלא, ודבורא, שהם ד' עולמות אבי"ע.

זהר פקודי דרס"ב ע"ב תרגום והסבר - **וכל מאן דלא ידע לסדרא שבחא דמאריה** וכל מי שלא יודע לסדר את שבח ריבונו, **טב ליה דלא אברי** טוב לו שלא נברא. **בגין דאצטריך צלותא דאיהו שלמא לעילא** משום שצריך תפילה שהיא שלמה למעלה. **מגו מחשבה** מתוך מחשבה, שהיא בעולם הבריאה, בינה, **ורעותא דלבא** ורצון הלב שהוא בעולם האצילות, חכמה, **וקלא** וקול שהוא בעולם היצירה, חג"ת נה"י, שנקראים בזהר ובפי המקובלים הראשונים, וגם במקומות רבים בדברי הרב בע"ח תפארת, **ומלה דשפוון** ודברי השפתיים, שהיא בעולם העשיה, מלכות. **למעבד שלימו וקשורא ויחודא לעילא** לעשות שלמות וקשר ויחוד למעלה, בארבע עולמות אבי"ע, **כגוונא דאיהו לעילא** כמו שהוא למעלה, בעולמות העליונים. **כגוונא דנפקא שלימו מעילא לתתא** כמו שיוצאת שלמות ממעלה למטה, **הכי אצטריך מתתא לעילא, לקשרא קשרא כדקא יאות** כך דרך ממטה למעלה לקשר קשר כראוי, ולקשר על ידי התפילה את ארבע עולמות אבי"ע.

שורש של שניהם קול ודיבור **הוא**[68] **במלכות** הנקראת פה[69] **דתבונה** כאן עוד פעם הרב ז"ל מסתיר את לאה ו"ק דב"ן, ומגלה את לאה קשר של תפילין, **(נ"א עכ"ז שורשו במלכות בינה), רק**[70] **שקול** היוצא ממלכות דתבונה **נעשה נשמה**[71] **לז"א** דאצילות, ר"ל ב"ן דו"ק דז"א, לאה הגדולה, ולא ו"ק דמ"ה דז"א שהוא ישראל **(נ"א**[72] **לו"ק דב"ן דז"א), והדיבור**[73] **נעשה**[74] **נשמה למלכות** (צ"ל **שהיא רחל), ושניהן** לאה ורחל **מצד הפה שהוא** עוד פעם הרב ז"ל סותר את עצמו, ומסתיר את לאה הגדולה, וכותב היא **סוד המלכות דתבונה. והנה** הרב ז"ל חוזר ודורש במדרגה הגבוהה יותר מהבל האוזן שהם **העינים שהם סוד ראיה**[75] **שהיא החכמה, הוא סוד נשמה לנשמה** סוד בחינת החיה[76]**, בסוד חכמה** הרב ז"ל לא רומז לאיזה פרצופים רומזים

זהר פקודי דרכ"ו ע"ב תרגום והסבר - **ו' עלאה,** אות ו' העליונה שהיא ז"א, שנקרא תפארת, **איהו רזא דקול דאשתמע** הוא סוד הקול שנשמע, **ואיהו רזא דקיימא ביה אורייתא** והוא סוד שבו עומדת התורה, שהיא ז"א, **בגין דאורייתא נפקא מההוא קלא פנימאה** בגלל שהתורה יוצאת מאותו קול פנימי, **דאקרי קול גדול** שנקרא קול גדול. **ודא קול גדול איהו רזא דאורייתא** וזה הקול הגדול הוא סוד התורה, שהיא ז"א, וז"א נקרא בזהר תפארת, יוצא שהקול הוא בתפארת.
66

לפי פשט דברי הרב הקול הוא בתבונה, שהיא באוזן שמאל, כאן הרב כותב כי הקול הוא בתפארת. אלא לפי מה שלמדנו כי לא מדובר בלאה קשר של תפילין, אלא בלאה שהיא ב"ן דו"ק,, ובחינת ו"ק הוא בלשון הזהר והמקובלים הקדמונים הוא התפארת, יוצא שהקול הוא בתפארת, בצד ב"ן דז"א.
67

בית לחם יהודה ש"ד פ"א – עם כל זה שורש של שניהם. שורש של הקול והדיבור, הכלולים שניהם בהבל הפה. כן כתב רז"ל בשער הקדמות דף ל"א ע"א, יעו"ש.
68

בית לחם יהודה ש"ד פ"א - הוא במלכות דתבונה. המתלבשת בגרון דז"א, אשר ממנה יוצא ההבל הזה שבפה דז"א, ונעשה קול ודיבור, וכמבואר בפרק ג' דשער טנת"א, שכתב כי ברצונה מוציאה גניזת אותיות הנ"ל, בסוד קול ודיבור מהפה ולחוץ, וכשרוצה נשארים גנוזים בפנים, בסוד נאלמתי דומיה וכו', יעו"ש
69

תיקוני הזהר, הקדמה ב', פתח אליהו די"ז ע"א – מלכות פה תורה שבעל פה קרין לה.
70

בית לחם יהודה ש"ד פ"א - רק שהקול. היוצא ממלכות דתבונה כי משם יוצאים ה' קולות של ה' מוצאות הפה שהם אחה"ע בימ"ף וכו'.
71

בית לחם יהודה ש"ד פ"א - נעשה נשמה לז"א. כי נה"י דאימא המתלבשים בז"א, הם נעשים בחינת נשמה אליו. ולכן נקרא הז"א קול. ושורש של נשמת הז"א, הוא בהבל היוצא מחוטמא דא"ק, כמ"ש לעיל.
72

הגהת הרש"ש בע"ח כתב יד.
73

בית לחם יהודה ש"ד פ"א - והדיבור. שבהבל הפה דז"א הוא בז"א הוא.
74

בית לחם יהודה ש"ד פ"א - נעשה נשמה למלכות. שהיא רחל, ושורש נשמה זו היא מהבל הפה דא"ק.
75

הגהות ובאורים)ב(– עיין נהר שלום דכ"ד ע"ב סי' ד', ותו"ח דף קמ"ט ע"א.
76

שער ד' פרק א' אוז"פ

העינים[77]. **ודע**[78] **כי נר"ן מתלבשים תוך פנימיות הכלים** הנפש בכבד, הרוח בלב, והנשמה במוח, **שהוא הגוף** ונר"ן אלו שולחים פארות לכל חלקי הגוף.

כאן הרב ז"ל נכנס לעומק[79] **אך הנשמה לנשמה** שהיא החיה, אשר היא בעצמה נפרטת לנרנח"י דחיה **אין יכולת בגוף האדם לסובלה** בגלל שאור החיה הוא כל כך גדול, והכלים לא יכולים לסבול אור זה ,

---

האור היוצא מהפה הוא נפש, מהחוטם הוא רוח, מהאוזן הוא נשמה, ומהעין הוא חיה.
77

הלומד צריך להבין כי אם הרב ז"ל כתב שהאזנים, שהם השמיעה, הם סוד אימא ותבונה, אז העינים שהם הראיה, יהיו סוד אבא וישראל סבא.
78

יפה שעה)א(- ודע כי נר"ן מתלבשת תוך פנימיות הכלי, שהוא הגוף, אך הנשמה לנשמה אין יכולת בגוף לסובלה, ונשארת בחוץ, וכו'. אבל דוגמת הנשמה העליונה, הנקרא יחידה אין דומיא דוגמתה למטה, וכלא בוא מציאות אחת וזה סוד שנקרא יחידה לפי שאין דוגמתה למטה ע"כ. דברי רבינו ז"ל אלה קשים מניה וביה, שבפרק ה' משער המוחין כתב רז"ל וז"ל - אמנם החיה מתלבש פנימיותה תוך הנשמה. ואו"מ שלה נשאר בסוד או"מ על הז"א מבחוץ. ג' בחינות מקיפין כנגד נר"ן הפנימים. והיחידה פנימיותה מתלבש תוך החיה. ואו"מ שלה נשאר בסוד או"מ על ז"א מבחוץ. והיה אפשר לומר שמתחלק לד' מקיפין כנגד נרנ"ח הפנימים וא"כ יהיו ד' בחינות היחידה מקיפין מ' דצלם יע"ש. ואשר אחזה לעניות דעתי הוא כי הנה רז"ל שם באותו פרק דשער המוחין הוא ז"ל אשמיענו להועיל היות ה' בחינות שהם נרנח"י. וכל אחד מן הה' בחינות הנזכר הוא כלול נרנח"י שלם. הוא לבדו והם נרנח"י דנפש. נרנח"י דרוח. נרנח"י דנשמה. נרנח"י דחיה. נרנח"י דיחידה. והרי הם נפרטים לכ"ה בחינות. וכן על זה הדרך נפרטים יותר ויותר יעו"ש . ועוד בפרק ג' דשער העקודים כתב רז"ל ז"ל והענין הוא בהקדמה א' שצריך שתדע והוא כי הרי נתבאר לעיל כי כל בחינה ובחינה ובכל עולם ועולם וכל פרצוף ופרצוף כו', אך מן הפה של א"ק ולמטה עד סוף העולמות לא יש רק ה' אורות פנימיים וב' מקיפים עליונים. שהם כנגד החיה ויחידה לכל פרצוף ופרצוף מהם. ולא עוד כי האור נתמעט משם ולמטה יעו"ש. וכן כתב עוד שם פרק ה' במ"ב שם. נמצנו למדין מדברי רז"ל היות בחינת חיה ויחידה מלבד חיה ויחידה המקיפים הכוללים. ואם כן נוכל לומר שמה שאמר רז"ל בשער המוחין שהחיה תתחלק או"מ שלה לג' מקיפין. וכן היחידה תתחלק או"מ שלה לד' מקיפין ותהיה מ' דצלם. מיירי בבחינת חיה ויחידה הפנימיים. והם החיה היחידה דכל פרט. ומ"ש רז"ל בפרקין שהיחידה לא נכנסה כל עיקר בפנים וכי היא מקפת כל העולמות בבחינת נשמה לבד ואינה מתחלקת לבחינות רבות כי אין דוגמתה למטה. כל זאת מירי בבחינת היחידה הכוללת שלא נכנסה כלל בפנים. ועיין מ"ש רז"ל בפרק א' משער המקפין שכתב וז"ל וכבר נודע מדרוש א"ק כי כל הפרצופים שמן הטבור דא"ק ולתתא אי אפשר להיות רק ב' מקיפין ומפרש התם היות החיה נכנס וחוזר לצאת דרך השערות ונקרא או"מ חוזר מקפת לאותו פרצוף לבדו. והיחידה אינה נכנסת כלל אלא היא מקפת מבחוץ לכל הפרצופים שממנה ולמטה ולכל העולמות. ולכך אינה מתחלקת לבחינות רבות כי היא מקפת לבחינות אין מספר. והיא מ"ש רז"ל בפרקין ואין דוגמתא כן נראה, ועיין בפרק ט' משער חיצוניות ופנימיות.
79

כל כלי נחלק לשלושה בחינות, שהם כלי פנימי, אמצעי, וחיצון, אורות נר"ן נכנסים לתוך הגוף, כאשר אור הנפש שוכן בכבד ומאיר לכלים החיצונים שבגוף. אור הרוח שוכן בלב, ומאיר לכלים האמצעים שבגוף. ואור הנשמה שוכן במוח, ומאיר לכלים הפנימיים שבגוף. כמובן שלכל חלק מהנר"ן יש את הנרנח"י הפרטי שלו. אור החיה שגם לו יש את הנרנח"י הפרטים שלו, מתפשט בגוף, ובגלל גודל מעלתו הגוף לא יכול לסבול אותו, לכן הוא יוצא מהגוף בסוד אור חוזר, ורק חלק מאור החיה נשאר בגוף. וכאשר אור החיה נכנס לגוף, בעצם נכנסים בחינות הנר"ן דחיה, את בחינת חיה ויחידה דחיה הרב לא מזכיר בסוגיה זאת. בחינת הנשמה דחיה שנכנסת לגוף היא המקיף לנשמה השוכנת במוח. בחינת הרוח דחיה שנכנסת לגוף היא המקיף לרוח השוכן

ונשארת[80] בחינת חיה, אשר ובפרטות היא חיה דחיה, **מבחוץ** סביב לכלי **בסוד אור מקיף** אבל לפני שהיא מקפת את הגוף, היא נכנסת בתוכו, ויוצאת, והיא האור המקיף על הגוף. **וכשהוא** כלומר החיה, ובעומק היא בחינת הנשמה דחיה **מקיף את המוח,** שהמוח הוא **מדור הנשמה** ושם עיקר משכן הנשמה, אבל הנשמה מתפשטת בכלים הפנימיים שבגוף, **אז הוא בחינת מקיף אל הנשמה** ונקרא נשמה דחיה המקיפה את הנשמה שבמוח, **וכשהיא** החיה, ובעומק היא בחינת הרוח דחיה **מקפת את הלב, שהיא** הלב **מדור הרוח** ושם עיקר משכן הרוח, אבל הרוח מתפשט בכלים האמצעיים שבגוף, **אז הוא בחינת מקיף אל הרוח** ונקרא רוח דחיה, המקיפה את הרוח שבלב, **וכשהיא** החיה, ובעומק היא בחינת הנפש דחיה **מקפת לכבד,** והכבד הוא **מדור הנפש** ושם עיקר משכן הנפש, אבל הנפש מתפשטת בכלים החיצוניים שבגוף, **אז הוא מקיף לנפש** ונקרא נפש שבחיה המקיף את בנפש שבכבד. **כי כמו שיש ג' בחינות אלו שהם נר"ן**[81] שכל אחד מהם בפרטות כולל נרנח"י, **כך הנשמה לנשמה**[82] שהיא החיה **צריך שיהיה בה בחינת ג' אלו** שהם נר"ן דחיה, וכמובן שיש גם בחינת

בלב. ובחינת נפש דחיה היא המקיף לנפש השוכן בכבד. והמקיף האמיתי של הגוף שהרב מדבר בסוגיה זאת הוא בחינת חיה דחיה, אשר היא מקיפה את כל הגוף. על כללות בחינת היחידה הרב לא מדבר בסוגיה זאת.

תרשים א – ט"ו.

אפשר להסביר סוגיה זאת גם בערכין של הספירות, כאשר המוח שהוא הנשמה, הוא בחינת חב"ד. והלב שהוא הרוח, הוא בחינת חג"ת. והכבד שהוא הנפש, הוא בחינת נה"י. ובחינת חיה יחידה היא בחינת הכתר המכתר ומקיף.

80

בית לחם יהודה ש"ד פ"א - ונשארת בחוץ בסוד אור מקיף. אינו, ר"ל שמעולם לא נכנסה החיה בפנימיות הכלים, אלא ר"ל נכנסה וחזרה ויצאת, בסוד אור חוזר דרך שערי רישא, ואחר שיצאת נשארה שם בחוץ. כמבואר בפרק א' דשער מ"ה, ובמבוא שערים דף כ"ב ע"א, וז"ל - כי הנשמה לנשמה אי אפשר לה ליכנס תוך הפרצוף, אמנם נשארת למעלה בסוד אור מקיף על הראש, והיא מבחינת אור חוזר הפנימי וכו', וסיים שם כי בזה תבין בחינת כל המקיפין, שיש מקיף מבחינת יחידה, והוא מקיף דיושר, ויש מבחינת חיה, והוא מקיף חוזר, יעו"ש. וכן כתב שם בי"ד ע"א, יעו"ש.

81

ע"ח ח"ב ש"מ דרוש י"ב דפ"ה ע"ב - ואחר שנתבאר לך כל זה דרך כללות, צריך להאיר עיניך שלא תטעה במה שכתבנו לעיל, ותחשוב כי כמו שיש בכל פרצוף ופרצוף שבכל עולם ועולם ה' בחינות נרנח"י הנקרא פנימיות, שכן יש גם ה' בחינות כלים כנגדן, כי אין הדבר כן. והענין כי הנה הכלים הם חיצוניות ועביות, ולא יכלו להתלבש כל ה' מיני נשמה, רק הג' תחתונים לבד שהם נר"ן, ולאלה בלבד היו כנגדם כלים וגופים, אך חיה ויחידה שבכל פרצוף, אין כנגדן כלים בפרצוף ההוא עצמו שיתלבשו בהם, אך נשארין בחוץ בלתי כלים בסוד מקיף, כמ"ש. ואם כן נמצא כי בחיצוניות לא יש רק ג' בחינות לבד, שהם ג' כלים חיצון אמצעי ופנימי, כדי שיתלבשו בתוכם נר"ן, שיש כנגדן כלים, אך היחידה וחיה אין כנגדן כלים לשיתלבשו בתוכם, ונשארין בסוד אור מקיף, כמ"ש. ונבאר ענין הפנימיות תחלה, הנה הנפש נכנסה תחלה בתוך כלי החיצון, ועיקר הארתו הוא בכבד, ואח"כ נכנס הרוח בכלי התיכון, ועיקר גילוי הארתו הוא בלב, ומשם מתפשט למטה עד הכבד, מתלבש תוך הנפש שבכבד, אך מן הלב עד הכבד היא מתגלית, ומשם ולמטה מתלבשת תוך הנפש. ואח"כ נכנסה הנשמה בכלי הפנימי, ועיקר הארתו במוח, ומשם מתפשט למטה עד הלב, ומתלבשת תוך הרוח, אשר שם וגם היא מתפשט עד הכבד, בהיותו מלובשת תוך הרוח, המתלבש תוך הנפש שבכבד כנ"ל. והבן זה מאד.

82

שער ד' פרק א' אוז"פ

חיה ויחידה דחיה, **כולם בסוד אור מקיף** כאשר הנר"ן דחיה הם מקיפים על הנר"ן שבגוף, וחיה דחיה היא המקיף מבחוץ. **אמנם** אחרי שהרב ז"ל דיבר על בחינת עינים, אזנים, חוטם, פה. הרב ז"ל מדבר על בחינת **הגולגולת** דא"ק[83] **שהוא סוד הכתר** ובו שורשי המוחין, **משם שורש לנשמה עליונה**

בית לחם יהודה ש"ד פ"א - כך הנשמה לנשמה צריך שיהיה בה בחינת ג' אלו. ומאחר שכן מוכרח הוא שלא יהיו חלקי אורותיה שוים, אלא זה מעולה מזה.

83

לפי דברי הרב ז"ל כאן מעלת הגולגולת היא יותר גדולה ממעלת העין, אבל בעומק הדברים הרב ז"ל לא מדבר על הגולגולת שהיא הקרקפתא. כאן הרב ז"ל לא מדבר על בחינת הגולגולת שהיא סובבת על המוחין והיא חיצונית למוחין, שהיא העצם המקיף ומגן על המוח, לא יתכן שמעלת העצם היא יותר גדולה מהמוח עצמו, ואין כוונת הרב ז"ל כי עצמות הגולגולת גדולה מעלתן מהמוחין, או מאורות העינים, אלא הרב ז"ל מדבר על שורשי המוחין שבתוך הגולגולת (ולא על המוחין שנקראים חב"ד), אשר אי אפשר לראות אותם כמו המוחין הנקראים חב"ד, אלא הם דקים, נסתרים ונעלמים. ונקראים מוחין דכתר, ובאדם התחתון הם נמצאים במקום הנחת תפילין של ראש, מקום שמוחו של תינוק רופס, והנקרא קדרת המוח. הרב ז"ל קורא לשורשי המוחין שבגולגולת (לא למוחין הנקראים חב"ד) בכללות גולגולת, או גולגלתא, או כתר. הלכה למעשה כאשר מכוונים בכתר, יש כוונות לחיצוניות הכתר שהם שמות בלי ניקוד (ותלוי באיזה כתר של איזה פרצוף מדובר), אבל רוחניות הכתר שהם שורשי המוחין הם הוי"ה בניקוד קמץ, והמקיפים דכתר הם שם אהי"ה בניקוד קמץ.

ע"ח ח"ב שמ"ד פ"ג דצ"ח ע"א - הכתר של ז"א החיצון - יוד, יו"ד ה"י. יו"ד ה"י וי"ו. יו"ד ה"י וי"ו ה"א, גימטריא קע"ה. האמצעי יו"ד ה"י וי"ו ה"א ס"ג. הפנימי אל"ף ה"י יו"ד ה"י, קס"א.

תרשים א – ט"ז.

בכל סידור הכוונות לרש"ש אפשר למצוא את ציור הכלים והמוחין (אורות) של כל פרצוף וספירה, את שמות הכלים והאורות אפשר לראות בשער מ"ד פרק ג' ד'. והלכה למעשה אפשר לראות את כל השמות של כל הפרצופים והספירות שבכל העולמות בסידור הרש"ש - סדר ברכת המזון.

תרשים א – י"ז.

ע"ח שכ"ג פ"א דק"ו ע"א - הבחינה הב' הוא הכתר של ז"א, אשר הוא נעשה מן החצי התחתון של ת"ת ונה"י החדשים של תבונה, והנה בחינת הכתר דז"א צריך שתחילה נבאר מה ענינו, אם הוא מכלל מוחין דז"א, או לאו, אם מכלל הי"ס דז"א, או לאו, כי בדבר זה יש מחלוקת גדולה בין המקובלים. ובספר יצירה נתבאר שהחשבון י"ס מתחיל מן החכמה, כמו שכתב אחת היא רוח אלהים חיים כו', וכן אמרו אין ראשית אלא חכמה, וראיות הרבה לסברא זו. גם מה ענין הבנת לשון כתר ולמה נקרא כך. והנה כפי הנראה מפשטות לשון התקונים וספר הזוהר, נראה כי הכתר הוא גולגלתא, וחב"ד הם המוחין שבתוך הגולגלתא, ואם כן הוא נמצא שהכתר הוא גרוע בתכלית הגרעון, כי הוא נעשה חיצונית ולבוש אל המוחין, כדרך הגולגלתא המקיף ומלביש את המוחין, ואין ספק שתכלית ועיקר הם המוחין, כי הגלגלת הוא כלי ומלבוש טפל אליה, ודבר זה לא יעלה על דעת תינוק בן יומו, כי הרי כתר גדול לאין קץ על החכמה ותבונה ודעת, ונחשבו אצלו כלא היו, אבל הענין הוא כי הנה המוחין הם חב"ד, אבל **שרשם** של הג' מוחין נשאר למעלה הרושם שלהם ומציאותן בכתר, ואותן המוחין שבכתר הם גדולים ומעולים לאין קץ על המוחין הנקרא חב"ד. ולכן תמצא באדרת נשא שכאשר מבאר סדרי ספירות הכוללות כל האצילות, אשר הא"א נקרא כתר, ואו"א חו"ב, מזכיר שם בא"א בחינת גולגלתא, ומוחא סתימאה דיליה. אמנם חו"ב הם או"א שהם ענפים היוצאין ממוחא סתימא דא"א, הנקרא כתר, וכן הוא הענין בי"ס הפרטות שבכל פרצוף. ואם כן בודאי כי המוח הסתום שבכתר הוא גדול מאד מן חו"ב אשר בפרצוף ההוא, כי הרי מן הכתר נאצלו הם, ובהכרח הוא שבחינת ד' מוחין שהם חו"ב ודעת הכולל חו"ג, שארבעתן יהיו נמצאים בכתר בודאי, כמבואר אצלינו בברכת שים שלום של העמידה, לכן הם ד' כריעות וד' זקיפות ע"ש. נמצא כי המוחין הם למטה מבחינת הכתר, ואינם בתוכו, כי הכתר גבוה מאד מאד מהם, והם למטה ממנו לגמרי. אמנם בכתר יש בו בחינת פנימית שהם מוחין שבו בעצמו ממש, ובחינת החיצוניות שהוא הגולגלתא, אלא שחיצוניות שהוא הגולגלתא מתפשטת עד למטה, ומלבשת גם את המוחין הנקרא חב"ד, אבל עיקרית הכתר אינו אלא למעלה, על אלו המוחין. ועיין בביאור אותו מאמר ג' רישין אתגלפין דא לגו מן דא, הנזכר בתחלת אדר"ז דרפ"ח, ומשם תבין ענין זה המוח שבכתר, שהוא מלבד המוח עצמו מה ענינו.

הנקרא צ"ל הנקראת **יחידה** דאצילות. **וטעם קריאתה יחידה, לפי שהיא מקפת כל העולמות בבחינת נשמה** (צ"ל **לנשמה** שהיא חיה) **לבדה, ולא**[84] ואין ליחידה את **בחינת** ה**נר"ן** דיחידה בפועל, אלא בכח, **כמו שכתבנו בנשמה לנשמה** שהיא חיה[85], **כנ"ל**[86]. **כי**[87] **הלא לא יש רק ג' בחינות נר"ן** המתלבשים בגוף, **וכנגדם יש ג' בחינות אלו** שהם נר"ן **בנשמה לנשמה** שהיא החיה, **אבל דוגמת הנשמה העליונה**

גמרא ערובין דצ"ה ע"ב – כאמר רב שמואל בר רב יצחק, מקום יש בראש שראוי להניח בו שתי תפילין, הכא נמי מקום יש ביד שראוי להניח בו שתי תפילין, תנא דבי מנשה, על ידך זו קיבורת, בין עיניך זה קדקד, היכא אמרי דבי רבי ינאי – מקום שמוחו של תינוק רופס.

84

בית לחם יהודה ש"ד פ"א - ולא בבחינת נר"ן כמ"ש בנשמה לנשמה כנ"ל. כלומר ולא כמו שכתוב לעיל בנשמה לנשמה, שצריך שיהיה בה בחינת ג' אלו וכו', אלא היחידה כל אורה הוא שוה, מתחלתו עד סופו, וכולו הוא בהשואה אחת, כמבואר בשער הקדמות דע"ה סוף ע"ד, יעו"ש.

85

לפי פשט דברי הרב, הרב ז"ל משווה את החיה ויחידה בזה שהם בחינת מקיף לגוף, ובגלל זכותם הם לא מתלבשות בגוף. ההבדל בין החיה ליחידה לפי פשט הכתוב, החיה נפרטת לנר"ן דחיה, וליחידה לא נפרטת, היא לבדה.

אבל ידוע הוא כי גם בחינת היחידה נפרטת לנרנח"י דיחידה. ובהגהת הרש"ש הוא כותב, אפשר שמתחלקת ומקפת כל בחינות נרנח"י, ושולח לעיין השער המוחין. גם בנהר שלום הרב ז"ל כותב כי היחידה כוללת את כל הבחינות, ומוסיף ומתרץ את דברי הרב ז"ל כאן שכתב כי היחידה היא **לבדה,** ותרוצו הנפלא של הרש"ש הוא שכתב שהיחידה כוללת את כולם **בלי היכר.** כלומר בחינת הנרנח"י דיחידה הם בחינת שורשים. לפי תרוצו של הרש"ש אין סתירה בדברי הרב ז"ל כאן, לדברי הרב ז"ל בשער המוחין פרק ה'. כאן הרב ז"ל כותב שהיחידה היא לבדה, ואין לה בחינות של נרנח"י, הכוונה היא לנרנח"י בפועל. ובשער מוחין הרב ז"ל כותב שיש ליחידה נרנח"י, הכוונה לנרנח"י הנמצאים בכח, כלומר בשורשם.

ע"ח ש"כ פ"ה דצ"ז ע"ד - אך דע כלל גדול כי הנפש לבדה כלולה מכל חמשה נרנח"י, וכולם נפש לבד, ודוגמתן חמשה בחינות וכולם נקרא רוח, וכן בנשמה, וכן בחיה, **וכן ביחידה.**

נהר שלום דכ"ה ע"א – הנה נודע כי כללות ארבעה בחינות נרנ"ח כוללים כל הנמצאים, וכל אחד כלול ומורכב מכולם, כי הנרנ"ח דחיה, היא בחינת החיה שבכל אחד מנרנ"ח, וכן הנרנ"ח דנשמה, הוא בחינת הנשמה שבכל אחד מנרנ"ח, וכן הרוח, הוא הרוח שבכולם, והנפש היא הנפש דכולם. **אבל היחידה היא כוללת כולם בלי היכר,** וארבעה בחינות אלו הם בחינת ארבעה אותיות הוי"ה, והם בחינת חבת"ם, והם בחינת אבי"ע, והם בחינת ארמ"ע, והם בחינת דצח"ם, שבכללות ושבפרטות, וכל בחינה נפרטת לאין קץ.

86

השמש]א[– נ"ב עיין בשער המוחין פרק ה', שכתב שם ואפשר שמתחלקת ומקפת כל בחינות נרנח"י, ועיין עניין זה בספר מבוא שערים, בדרוש פנימי ומקיף, דרוש א'.

87

בית לחם יהודה ש"ד פ"א - כי הלא לא יש רק ג' בחינות נר"ן. כלומר ואעפ"י שגם כל אחד ואחד מנר"ן הפנימיים אורו הוא שוה, מתחלתו ועד סופו, כמו היחידה שאורה שוה, עם כל זה אין אחד מהם נקרא בשם יחידה. והטעם כי הלא לא יש רק ג' בחינות נר"ן, וכנגדם יש ג' בחינות אלו בנשמה לנשמה וכו', כלומר ושם יחידה אינו כי אם בדבר שהוא יחיד ואין שני לו, ונר"ן הפנימיים אינם יחידים, כי יש כנגדם במקיף דחיה. ואין הכי נמי אפילו ביחידה העיקרית עצמה, אם היה נמצא בחינת ד' באור הפנימי או במקיף דחיה, גם היא לא היתה נקראת בשם יחידה, לפי דהשתא ימצא בחינת ד' למטה כדוגמתה, אמנם לפי שאין נמצא בחינת ד' דוגמתה למטה, וגם היא כולה מציאות אחת, ואינה כמו החיה שיש בה ג' בחינות, משו"ה נקראת יחידה.

הנקרא צ"ל הנקראת **יחידה**[88] **אין למטה דוגמתה בחינות** הד' שהם נרנ"ח, שלכל אחד מהם יש את הנרנח"י הפרטים בפועל, **כנ"ל. וכולה**[89] **היא מציאות אחת** בלי[90] היכר, רק שיש ליחידה

88
הגהות ובאורים)ג(– עיין לקמן בפרק ה' משער העקודים מ"ק, טעם אחר למה נקרא יחידה.

89
בית לחם יהודה ש"ד פ"א - וכולה היא מציאות אחד. עיין בהגהות השמ"ש והרב יפה שעה ז"ל שהקשו מפרק ה' דשער כ', דכתב רז"ל שם והיה אפשר לומר שתתחלק לד' מקיפין כנגד נרנ"ח הפנימיים ואם כן יהיו ד' בחינות היחידה מקיפין **מ'** דצלם וכו' יעו"ש מה שתרצו. ומה שנלע"ד הוא כי מדקאמר רז"ל הכא לפי שהיא מקפת את כל העולמות וכו' מלשון זה מבואר כי יחידה דאיירי בה הכא היא בחינת היו"ד מקיפין דיושר הנזכרים בענף ג' דשער א' שהם מקיפין את כל העולמות שבתוכם שבחינת היו"ד מקיפין דיושר הנזכרים הם נקראים יחידה והם שייכים בכל העולמות כולם הנאצלים והברואים והיצורים והנעשים כמ"ש התם בענף ג' דשער א' בד"ה ועוד יש וכו' יעו"ש אמנם בחינת החיה והיחידה הנז' בפרק ה' דשער כ' הנזכר הם חיה ויחידה אחרים שהם בחינת **הלמ** דצלם המתלבשין בכחב"ד וחג"ת דתבונה כמבואר שם ואינם בחינת החיה שעולה באור חוזר דרך שערי רישא או בחינת היחידה שהיא יו"ד מקיפי היושר היוצאים מפי היסוד דתבונה וכמ"ש בדברינו דהתם ובסוף פרק י"ב דשער כ' ד"ה זה תוך זה יעו"ש. ותדע שכן הוא שהרי בסוף פרק ג' דשער מ"ב דקאי התם על בחינת עשרה מקיפין דיושר מקשה התם וז"ל וצריך עיון כי הרי נודע כי יסוד דאימא תוך חזה דז"א וא"כ אפילו מקיף דיושר דז"א היוצא מיסוד אימא כבר נכנס בבחינת פנימיות אך הענין טרם הכנסו בפנים יוצא אור מקיף דיושר ואחר הכנסו בפנים נכנס אור פנימי וכבר קדם אור מקיף להקיף מבחוץ טרם הכנסו בפנים וכן ענין זה בכל המקיפין יעו"ש. ואי מקיף דיחידה דהכא המקיף את כל העולמות הוא מקיף **מ'** דצלם אם כן מאי מקשה מהרח"ו ז"ל והא **מ'** דצלם היא מלובשת בכחב"ד דתבונה ואינה יוצאה מפי היסוד דאימא כלל וכאשר נכנסין נה"י דאימא תוך ז"א מוכרח הוא שיהיו **הל"מ** דצלם מקיפין על רישא דז"א אלא פשיטא דמקיפין דיושר לחוד ומקיפין **דל"מ** דצלם לחוד ונראה שגם הרב יפה שעה ז"ל כוונתו לתרץ כמו שכתבנו אלא שאין לשונו מובן. ונלע"ד דמה שנקראת **מ'** דצלם בשם יחידה אעפ"י שגם היא מתחלקת לד' בחינות היינו טעמא לפי שיש בה בחינה רביעית שאין כדוגמתה למטה ובענין זה היא יחידה.

90
נהר שלום דכ"ה ע"א – הנה נודע כי כללות ארבע בחינות נרנ"ח כוללים כל הנמצאים, וכל אחד כלול ומורכב מכולם, כי הנרנ"ח דחיה היא בחינת החיה שבכל אחד מנרנ"ח. וכן הנרנ"ח דנשמה, הוא בחינת הנשמה שבכל אחד מנרנ"ח. וכן הרוח, הוא הרוח שבכולם. והנפש היא הנפש דכולם. **אבל היחידה היא כוללת כולם, בלי היכר**. וארבע בחינות אלו הם בחינת ארבע אותיות הוי"ה, והם בחינת חבת"ם, והם בחינת אבי"ע, והם בחינת ארמ"ע, והם בחינת דצח"ם, **שבכללות ושבפרטות וכל בחינה נפרטת לאין קץ**. והנה משמרי טוב ורע של האופנים נתהוו חומרי ארבע יסודות ארמ"ע, ומהרכבתם יצאו כל הבריות שבעולם השפל, ונחלקים לארבע מיני דצח"ם, מעולים זה מזה. כי הדומם הוא הגרוע שבהם, כי הוא בערך העפר שבכולם, ויש בו נפש המרכבת. למעלה ממנו הצומח, כי הוא בערך המים שבכולם, ויש בו גם נפש הצומחת. למעלה ממנו החי, כי הוא בערך הרוח שבכולם, ויש בו נפש המרכבת ונפש צומחת, ונפש החיונית. למעלה מכולם הוא המדבר, כי הוא בערך האש, ויש בו נפש המרכבת, ונפש הצומחת, ונפש החיונית, ונפש השכלית, שהיא בחיריית. וארבעה נפשות אלו הם כפולים, ארבע מסטרא דטוב, וארבע מסטרא דרע, וכללות כולם נקרא נפש הבהמיות. ועל ארבע דסטרא דרע רוכב יצר הרע, ועל ארבע מסטורא דטוב רוכב יצר הטוב. ועליהם מתלבש נפש דעשיה טוב ורע, כלולה מארבע יסודות העליונים, על דרך הנזכר לעיל. ועליהם רוח מיצירה, על דרך הנזכר. ועליהם נשמה מבריאה, על דרך הנזכר. ועליהם חיה מאצילות, על דרך הנזכר. וארבע נשמות הדצח"ם שבאדם ניזונים ומתגדלים מהדם הצח וזך הנמשך להם, שהוא נפשות הדצ"ח, והיותר עב שבו נהפך לבשר, וזה כשגובר יצר הטוב והוא מקריבו לכבד, ששם הנפש דעשיה, ואז הוא בריא ועושה רצון הוי"ה יתברך. ואם ח"ו גובר היצר הרע אז כולם נזונים מעכירות הדם, והוא מקריב עכירות והרע שבדם אל הכבד, ומלכלך נפש דעשיה, ואז הוא חוטא ח"ו, וגורם חולאי הנפש והגוף. ועל כן צונו הא"ל יתברך להביא קרבן כלול מדצח"ם, לתקן ולהסיר העכירות שבדצח"ם שבאדם, כי המלח כנגד הדומם. וסולת, ושמן,

נרנח"י, הנקראים נרנח"י דיחידה, רק שהם נמצאים בכח, והם כלולים בה, בבחינת שורש[91], **וזה סוד הנקרא יחידה[92], לפי שאין דוגמתה למטה** בנרנ"ח **כנ"ל[93].**

הגה"ה דרוש[94] להרב רבי גדליה הלוי[95]

ויין, כנגד הצומח. והבעל חי כמשמעו. והוידוי כנגד המדבר. וכונת הכהן כנגד נרנח"י הפנימיים, ואז נחית אש גבוה, ושורף ומכלה העכירות ההוא, ומנקה ומזכך נפשות דצח"ם שבאדם, כי הכל משורש אחד, ומתכפר לאדם.

91

כלל – כאשר הרב ז"ל מזכיר שורש, הכוונה כי הדבר נמצא בכח, ולא בפועל.

92

שיר השירים ו' ט' – אחת היא יונתי תמתי, אחת היא לאמה, ברה היא ליולדתה, ראוה בנות ויאשרוה, מלכות ופלגשים ויהללוה.

93

הגהות ובאורים)ד(– עיין שער הקדמות דף ע"ה סוף ע"ד, הלשון מתוקן יותר.

94

בית לחם יהודה ש"ד פ"א - דרוש לרבי גדליה ז"ל. יש לכולם בחינת נפש. כי ע"י שמתרחק האור ממקום מוצאו, ומתפשט למטה, יחלש כחו, ויהיה סוף האור בחינת נפש, וחלק ליותר עליון בחינת רוח, שהוא ו"ק שבו, והיותר קרוב אל מקורו בחינת נשמה, חיה, יחידה, שהם כח"ב. והיינו מאי דמסיים לפי שאין הבל האזן יכול להתחבר להבל הפה, אלא בריחוק מקום וכו', וכלומר ועל ידי זה נחלש כחו.

95

רבי גדליה הלוי, מגדולי תלמידי האר"י הקדוש, כתב דרושים ששמע מפי האר"י, ורבי חיים ויטאל סמך על הדרושים האלו, והכניס אותם לתוך הספרים שלו. בשער הגלגולים הרב ז"ל מביא את רשימת גורי האר"י, ובחינת נשמתם, על רבי גדליה הלוי הרב ז"ל כותב עליו כי **רובו טוב ואין בו ספק**. רבי גדליה הלוי היה חתום על כתב התקשרות עם תלמידי האר"י כדי לזרז את הגאולה, וחייבים כל החברים לשמוע לרבי חיים ויטאל, אפילו שהיו גדולים ממנו בגיל ובחכמה. שמו של רבי גדליה הלוי מוזכר בספר שבחי האר"י, כאחד שלמד עם האר"י במקום האידרא שעשה רבי שמעון בר יוחאי, וידוע כי אלו שלמדו עם האר"י הם משורש הרשב"י וחבורתו. רבי גדליה הלוי היה אחד מהתלמידים שהחזיקו מעמד בלימוד חכמת האמת, לעומת אחרים שפרשו כמו שמובא בשער הגלגולים.

שער הגלגולים, הקדמה י"ט - והנה אמר לי מורי ז"ל, כי אלו החברים יבלנו, לא יתקיימו כלם, ועדיין צריכים ברור להתברר ולהחליף ולשים אחרים במקומם קצת מהם, וכמו שאבאר בעהי"ת, ואכתוב עתה את החברים הנכנסים עמנו ללמוד, אע"פ שאיני יודע אותם שיתחלפו אחרים במקומם. הכת שלי, שהם שלאחר חצות לילה ממש, אלו הם, אני הצעיר חיים ויטאל. ה"ר יונתן סאגיס ז"ל. מהר"י ארזין ז"ל. מהר"י הכהן ז"ל. **ה"ר גדליה הלוי ז"ל**. ה"ר שמואל אוזידא. ה"ר יהודה משען. ה"ר אברהם גבריאל. ה"ר שבתי מנשה. ה"ר יוסף ן' טבול. ה"ר אליא פלקון. והנה הכת הזאת, היא מפנימיות המוחין של הדעת כנז"ל. ויש עוד כת אחרת כנגדה, והם מן הלבושים של נה"י וכו', שנקראים חיצוניות הלבושים כנז"ל, והם אלו, מורי הר"ם אלשיך. וה"ר משה נאגר"ה. וה"ר יצחק ארחא. וה"ר שלמה אבסבאן. וה"ר מרדכי גאליקו. וה"ר יעקב מסעוד ז"ל. וה"ר יוסף אלטון ז"ל. וה"ר משה מינץ ז"ל. וה"ר משה יונה. וה"ר אברהם גואקיל ז"ל. והכת השנית, שהם מפנימיות המוחין ג"כ של הדעת, מזווג אחר חצות, אלא שהם מבחינת קודם חצות כנז"ל, הם אלו, הרי"ט צהלון. ה"ר יוסף הכהן. ה"ר יעקב אלטראץ. וה"ר דוד הכהן. וה"ר יצחק קרישפי. וה"ר שמעון אורי. ואחיו ה"ר ישראל אורי ז"ל. וה"ר אברהם ארובץ. וה"ר משה אלשיך ז"ל. וה"ר ישראל הלוי. וה"ר יוסף קנפיליאש. וה"ר יהודה אשכנזי. וה"ר נפתלי אשכנזי. שהיו קרובי מורי זלה"ה. וכבר אמרתי שאיני יודע זה בפירוש אם כל אלו הנזכרים הם מכללם, אבל דרך כללות שמעתי מן מורי ז"ל, על שלשה חברות אלו. ועוד כת רביעית, שהם הלבושים של חצוניות, והם כנגד כת שנית דפנימיות הנז', והם אלו, ה"ר אברהם הלוי. ה"ר משה

משמש. ה"ר יאודה רומאנו. אבל דרך פרטיות לא שמעתי ממורי ז"ל, רק בענין החברים של הכת שלי הראשונה. והנעל"ד היותר אמיתי בענין כת השנית של הפנימיות, הם, הרי"ט צהלון. וה"ר יעקב אלטראץ. וה"ר יצחק קרישפי. וה"ר ישראל הלוי. וה"ר משה אלשיך. וה"ר דוד הכהן. וה"ר יוסף הכהן. וה"ר אברהם ארובאץ. וה"ר יוסף קנפילאש. גם ה"ר אליא אל מרירי אע"פ שלא נכנס עמהם, נ"ל שהיה מכללם. וה"ר שמעון אורי, נ"ל יותר בפירוש שלא היה מכללם. ובענין כת הזקנים שהיא כנגד הכת שלנו אלא שהיא מן החיצוניות כנז"ל, נ"ל שמורי זלה"ה מהר"ם אלשיך, היה כנגד בחינתי. והנה מורי ז"ל, היה רוצה להכניס עמנו בחברתינו, למהר"ם אלשיך, והר"ם נאגר"ה, ולה"ר יעקב מסעוד, ולה"ר שבתי מיוחס. וא"ל, כי אלו הם מן אותם שתי טפות, שהם של אשמורת הבקר, אלא שהם מבחי' קודם חצות, אלא שהם באשמורת ולכן אפשר להם להתחבר עמנו. גם ענין פרטיות שלנו לא ידעתי מי הם אותם שהם באשמורת הבקר של הזווג דאחר חצות ממש. גם אני מסופק, אם מאלו הארבעה הנזכרים יש בהם שנים שהם מכלל כת שלנו ממש, לפי שלא נכנסו בחברתי רק עשרה, וצריכים להיות שנים עשר. והשנים האחרים הם מקדרותא דצפרא של קודם חצות באחר חצות. והנה ב' ימים קודם שנפטר מורי ז"ל אמר לי, כי אפילו אותם החברים שהיו בכת הא' עמדי, היו צריכים להתברר ברור אחר, ויכנסו אחרים תחת קצת מהם. וסוד הענין הוא, ע"ד מה שביארנו בפסוק אם רעב שונאך האכילהו לחם, כי הנה אלו החברים אינם שלימים ר"ל שיש בהם, מי שיש בהם מעוט מן אותה בחינה של הלבוש הנשמה המעולה הנז"ל, שהם מן הטפות שלאחר חצות כנז"ל, ואין כלם שוים בהם, כי יש מהם שרובו טוב ומעוטו רע, ויש מהם שרובו רע ומעוטו טוב, ויש בינוני, וכיוצא בזה יש כמה מדרגות, וא"ל כי אותם שרובם טוב, ישארו כך בודאי, כי אותם האחרים אשר רובם רע ומעוטם טוב, יקחו הרע של הנזכרים, ויתנו להם הטוב שבהם, ואז ישארו אלו כלם טובים, ואלו כלם רעים. וא"ל מורי ז"ל, כי זהו היה כונתו לקבץ אותם, כי ע"י החברה והאהבה שיש בין החברים, ימשכו זה בזה, וילך הטוב אצל מי שרובו טוב, ויושלם ממנו. וילך מעוט הרע ויצטרף עם מי שרובו רע, ואז אותם כלם שהם מבחינת הרע ילכו, וישארו האחרים שהם שלימים מבחינת הטוב. וא"ל מורי ז"ל, כי לסבה זו צריך האדם מאד מאד שיתחבר עם אותם הרשעים אשר רובם רע ומעוטם טוב, להחזירם בתשובה, כי ע"י זה יקח הוא הטוב אשר בהם. ובפרט אם פגע באיזה אדם שיש בו חלק הטוב שחסר בו משרש נשמתו עצמו, שיקחנו ויושלם בו. ולכן הזהירני מורי ז"ל במאד מאד, לאהוב את החברים הנזכרים שלי, וללמדם, כי ע"י זה אברור חלק הטוב שלי המעורב בהם, ואקחהו, ואשתלם אני. ואמנם מי שהוא בינוני וממוצע, זה תלוי כפי מעשיו, ואם ירצה יהיה כלו טוב, או להפך וא"ל מורי ז"ל, אז ביום הנזכר, כי ה"ר אליא פלקון ז"ל, היה מעשיו ממוצעים, וז"ס מ"ש חז"ל על פסוק וכל צבא השמים עומדים עליו וגו', מי יפתה את אחאב וכו' וארז"ל אחאב שקול היה, ומפני זה לא יכלו להענישו, עד שיטה לצד הרע. ובעוד שקול לא יכלו להענישו. וגם מן אחאב עד הר"א פלקון, שהם משרש א', נשאר תמיד בינוני ושקול. וזהו הטעם שהיה מורי ז"ל רצה לסלקו מתוך חברתינו ולא היה מסיר אותו להיותו שקול, עד שאירע אותו הכעס הגדול בערב שבת עם הר"י ארזין ז"ל, ואז התחיל ונטה לצד הרע, אבל עכ"ז היה מעוטו טוב עדיין, ואז הוסר מחברתינו. ועל מהר"י ארזי"ן א"ל, שאם היה בא אביו לצפ"ת תוב"ב בשנה ההיא, שגם הוא יהיה נפסד, ומלבד זה גם בו ביום שדחה להר"א פלקין ז"ל, היה רוצה לדחותו בודאי גם הוא. ה"ר יונתן סאגיס ז"ל, רובו טוב ואין בו ספק שיטה לצד הרע. **ה"ר גדליה הלוי ז"ל, גם כן רובו טוב ואין בו ספק.** הר"י הכהן, היה רובו טוב, ויש בו ספק, ולא מפני חסרון האמונה במורי זלה"ה, רק סיבה אחרת, ולא רצה מורי ז"ל לפרשה. ה"ר שמואל אוזידא ז"ל, רובו טוב, ויש בו ספק שיחזור בו. ה"ר אברהם גבריאל, וה"ר שבתי מנשה, והרב יאודה משען, וה"ר יוסף ן' טבול מגרבי, נדחו לגמרי. אבל בהר"י משען יש קצת ספק עדיין. ולי הצעיר חיים א"ל מורי ז"ל, שהיה עתיד לבא אלי נסיון גדול אחד, אם אעמוד באהבת מורי ז"ל. אח"כ א"ל מורי ז"ל, שכונתו היה להשליך כל החברים, ושלא ישאיר עמו אלא שלשה או ארבעה בלבד.

שבחי האר"י פ"י – גם פעם אחת הלך הרב עם החברים למירון לקבר הרשב"י ז"ל, ואמר לחברים, חברי במקום הזה ישב הרשב"י עם החברים לסדר אדרא רבא, ועדיין רישומו של האור במקום הזה, כי כבר נודעשאפילו שהאור מסתלק תמיד נשאר רישומו של האור במקום ההוא. אחר כך ישב הרב במקום הרשב"י, והושיב להרב חיים ויטאל במקום רבי אלעזר, וחכם יאונתן במקום רבי אבא, **וחכם רבי גדליא במקום רבי יהודה**, וחכם רבי יוסף מוגרבי במקום רבי יוסי, וחכם רבי יצחק הכהן במקום רבי יצחק, וכן על דרך זה הושיב שאר החברים במקום שהיו חברי הרשב"י.

דרוש שכתבתי מענין שרשי אצילות, של עצמות אורות **וכלים**[96]**, שנתהוו מאוז"פ ועינים, בסוד ראיה, שמיעה, ריחא,** [די"ח ע"א 35] **דיבור**[97]**.** דרוש **זה מצאתי להר"ג הלוי**[98] מתלמידי וגורי האר"י. **כאשר האורות נתפשטו מאוזן וחוטם עד נגד הפה** הכוונה לשבולת הזקן[99] הנקרא סנטר, **ששם התחברות כל ההבלים** היוצאים מאזן, חוטם, פה דא"ק, **ואז**[100] **במקום שמתחברים** בשבולת הזקן, **יש לכולם בחינת נפש**[101] שהוא האור הכי פחות זך[102], **לפי שאין הבל האזן יכול להתחבר** בגלל מעלתו

96

הרב ז"ל לא כותב בשום מקום כי בא"ק יש כלים, וכבר ידוע כי אין אור בלי כלי, כלומר אפילו בא"ק יש כלים שהם אורות זכים, אבל ביחס האור הפנימי שבתוכם הם נקראים כלים, אבל בערך האצילות הם אורות בתכלית הזכות. כאן הרב ז"ל מדבר על שורשי הכלים שבעולם האצילות, אשר הם נמצאים בהבלים דאח"פ שיצאו מא"ק.

97

כאן הרב ז"ל לא מזכיר אורות יותר גבוהים מאורות העין ואח"פ, והוא מזכיר אותם במקום אחר. וצריך לדעת כי יש בחינות יותר גדולות מאורות הנמצאים בסוגיה זאת.

ע"ח ש"א ענף א' די"א ע"ב - והנה מן הא"ס נשתלשל אח"כ מציאות המאור הגדול הנקרא א"ק לכל הקדומים, כמ"ש בענף ג'. ואח"כ נשתלשלו ממנו האורות הנתלין בא"ק, הנה הם אורות רבים היוצאים מתוכו ומאירין חוצה לו. מהם תלויין **ממוחו** ומהם **מגולגלתא** ומהם מעיניו ומהם מאזניו ומהם מחוטמו ומהם מפיו ומהם **ממצחו** חוצה לו.

98

לרה"ג הלוי – רבי גדליה הלוי.

99

שבולת הזקן היא הנקודה בה לחי ימין מתחבר עם לחי שמאל, ונקרא סנטר.

גמרא מכות ד"כ ע"ב - ומשחית פאת זקנו, ת"ר פאת זקנו סוף זקנו, ואיזהו סוף זקנו, שבולת זקנו.

ע"ח ש"ה פ"א ד"כ ע"ג - והנה כאשר יצא האור דרך נקבי האזנים ימנית ושמאלית, נתפשטו האורות האלו מבחוץ ממקום האזנים עד מקום שבולת הזקן, ונמשך בהתפשטותו מנגד התפשטות שער הזקן הצומח בלחיים, בצדדי הפנים, וכנגדו נתפשט ונמשך אור הזה, עד שמגיע למטה בשבולת הזקן, ושם מתחברים האורות היוצאים מב' נקבי האזנים, אמנם לא נתחברו בחבור גמור, אבל נשאר ביניהם חלל מעט.

ע"ח ש"ה פ"ב מ"ת דל"ו ע"ג - הנה הוא מסתכל באורות אח"פ ההם, והוא שואב משם ולוקח מהם אור לצורך עשיית הכלים של הנקודות, ולוקח מג' בחינות שהם אורות אח"פ. והענין הוא באופן זה כי הנה נתבאר שאורות האזן נתפשטו עד שבולת הזקן, ואורות חוטם ופה עוברים ג"כ דרך שם, וא"כ מוכרח הוא שכאשר נמשך אור העינים דא"ק דרך שם, יתערב עמהם ויקח אור שלהם.

100

בית לחם יהודה ש"ד פ"א - ואז במקום שמתחברים כל ההבלים יש לכולם בחינת נפש כו'. פירוש כי בחינת הבל האזן היא בכללות בחינת נשמה. וכוללת נרנח"י לנשמה וכן בחינת הבל החוטם בכללות בחינת רוח. והיא כוללת נרנח"י לרוח. וכן בחינת הבל הפה בכללות בחינת נפש. וכוללת נרנח"י לנפש. ובמקום שמתחברים יש לכולם בחינת נפש. כי בחינת נפש לנשמה שהיא הבל האזן מתלבש בהבל החוטם. ונפש שבהבל החוטם מתלבש בכללות הבל הפה. ונמצא היות ג' בחי' נפש. בהם נפש לנשמה. והיא מלובשת תוך נפש לרוח. ושניהם מלובשים תוך הבל הפה שכללותה נרנח"י לנפש. והוא ממש כסדר התלבשות כל פרצופי האצילות זה בזה. וכסדר התלבשות כל חמשה פרצופים, דכל פרצוף ופרצוף מניה וביה. ועיין בפרק ה' משער פרצופי זעיר ונוקבא, ובפרק ה' לשער דרושי אצילות בריאה יצירה עשיה.

101

להבל פה, אלא בריחוק מקום כלומר נפש דהבל האזן מתלבשת בחוטם, ונפש האזן המלובשת בחוטם עם נפש דחוטם מתלבשים באורות הפה שהם הנפש הכללית, **וכן** בגלל מעלתו **הבל החוטם** לא יכול להתחבר להבל הפה, אלא ברחוק מקום. **אלא שאין צריך ריחוק מקום כל כך, כמו הבל האוזן, כדי להתחבר להבל הפה** יוצא שג' הנפשות דאח"פ נפגשים בשיבולת הזקן. כאן יש ערבוב סוגיות [103]**ועל**[104] **ידי הסתכלות העינים** עצמות שהיא בחינת מלכות דחיה[105], אור העין עצמו נקרא ע"ב

ההבלים היוצאים מהאח"פ, הם כנגד נר"ן, ומתחלקים לחב"ד חג"ת נה"י. כאשר הבל האזן הוא נשמה, חב"ד. הבל החוטם רוח, חג"ת. והבל הפה נפש, נה"י. כל אחד מההבלים שהם נר"ן מתחלק לנר"ן פרטים, או חב"ד חג"ת נה"י פרטים. כאשר להבל האזן יש נר"ן פרטים, הנקראים נר"ן דנשמה, ונקראים חב"ד חג"ת נה"י דחב"ד. להבל החוטם נר"ן פרטים, הנקראים נר"ן דרוח, ונקראים חב"ד חג"ת נה"י דחג"ת. ולהבל הפה נר"ן פרטים. הנקראים נר"ן דנפש, חב"ד חג"ת נה"י דנה"י.

תרשים א – י"ח.

הבל האזן מתפשט עד שבולת הזקן, כאשר הנפש דנשמה שהם נה"י דחב"ד מתלבש בחוטם, ועם נפש דחוטם שהוא נה"י דחג"ת מתלבשים בהבל הפה הנקרא נר"ן דנפש. או חב"ד חג"ת נה"י דנה"י. כאשר הבל האוזן מתפשט עד שבולת הזקן, והבל החוטם עד החזה, והבל הפה עד הטבור.

יוצא מזה כי שלושת ההבלים הם נפגשים בבחינת הנפש שלהם. כלומר נפש דנשמה נמצאת באותו מקום שנפש דרוח נמצאת, ובאותו מקום שכל בחינת נר"ן דנפש נמצאת.

תרשים א – י"ט.

102

בעומק הענין, ערך נפש אזן, שהוא בחינת נה"י דחב"ד, שוה לרוח דחוטם, שהוא חג"ת דחג"ת, ושוה לנשמה דפה שהוא בחינת חב"ד דנה"י.

תרשים א – כ.

103

יפה שעה)ב(- ועל זה בא הסתכלות העינים, ובהכאה שהכה בהבל הזה נעשו הכלים כו'. עיין בשער עתיק פ"ד שכתב רז"ל וז"ל גם צריך שתדע הקדמה אחד, והוא כי אי אפשר להיות בחינת כלים אלא ע"י הכאת או"פ באו"מ ומשם נעשה בחינת כלי, יעויין שם. ואם כן גם בדרושינו צ"ל שאור הסתכלות העינים היא בחינת חיה. כמו שאמרו רז"ל בהדיא. והוא בחינת אור מקיף. ואורות אזן חוטם פה שהם בחינת נר"ן בחינת או"פ. והרי הם מכים זה בזה ועל ידי הכאתם נעשה הכלי כן נראה.

104

בית לחם יהודה ש"ד פ"א - וע"ז באה הסתכלות העינים. בשער הקדמות ד"ל סוף ע"ג הלשון מתוקן יותר, וז"ל - ולסיבה זו הוצרך להתפשט גם הבל העין והסתכלותו וכו', פירוש דהואיל ואור האזן והחוטם נתרחקו מאצל מקורם, ונתפשטו למטה כדי להתחבר עם אורות הפה, לכן לסיבה זו הוצרך גם הבל העין להתפשט למטה, עד אורות הפה. וזהו גם כן מה שכתב רז"ל הכא וע"ז באה הסתכלות העינים וכו', ר"ל ועל סיבה זו באה הסתכלות העינים, עד מקום חיבור האורות, כדי להכות שם באור הפה לעשות כלים לאח"ף, כי הסתכלות העין לא נעשה ממנה אור בפני עצמו כמו אורות אח"ף, וכל עיקר ביאתה אינה כי אם לעשות בחינת כלים לאח"ף בלבד, ועל תכלית זה היא באה.

105

הסתכלות היא בחינה עשירית של אור העין, ונקרא מלכות דחיה.

דברי שלום דל"ג ע"ד – ויש לומר דאור העין עצמו ודאי שהוא גדול, שהוא אור החכמה, אבל אור זה של הנקודים אינו אור החכמה, אלא אור העולה מפנימיות א"ק כדי לצאת לחוץ לצורך הנוקבא, והוא יוצא דרך העינים, ואור זה הוא קטן מאורות אח"פ, שזה טעמים וזה נקודות, ויען שהוא קטן בסוד נוקבא לבד, אינו יוצא הכל דרך נקב כמו אח"פ, לפי שאין בו הבל, אלא אורו מועט כמו אור הסתכלות העין, ולכך יצא דרך העינים בדרך הסתכלות, ובזה נמצא טוב טעם דלמה נרמזת חכמה שהיא גדולה מכל הספירות, באות יו"ד שהיא קטנה

דע"ב דס"ג[106] וההסתכלות היא מלכות דע"ב דע"ב דס"ג, והחיה היא בחינת אור מקיף, **ובהכאה**[107] **שהכה**[108] אור החיה שהוא אור המקיף והוא ע"ב דע"ב דס"ג באורות האח"פ שהם סמ"ב דע"ב דס"ג, שהם אור פנימי, כלומר בנפשות דאח"פ, במקום שבולת הזקן **בהבל הזה** שנעשה מהכאה **נעשה** צ"ל נעשו **הכלים** דאח"פ, וכל זה כדי להגביל את אורות האח"פ שלא התפשטו יותר מהמידה שקצב להם המאציל, והם שרשי הכלים דאצילות, **ובהסתכלות**[109] **זה** שהיא בחינה מלכות דחיה, **יש** כלי **פנימי** וכלי **חיצון, כי**[110] **יש בכל איברים פנימיות** הכלים **וחיצוניות** הכלים, **ונעשה כללות כליהם. ולפי שאין בראית עינים** כמו באח"פ[111] **הבל היוצא, אלא הסתכלות** העין **לבד** ואין הבל מורגש בעין[112]**, אינו נעשה אלא הכלים** דאח"פ, **והסתכלות** העין **ההוא גדול מכל הג' הבלים הנ"ל** וצריך לדעת כי יש אור יותר גדול מאור החיה, והוא אור היחידה והיא בפנימיות הגולגלתא, בבחינת שורשי המוחין[113]**, כי הראייה היא י'** שבשם הוי"ה,**שמיעה ה'** בשם הוי"ה **, ריחא ו'**

מכל האותיות, אבל עם הנ"ל אמר שם דכיון שהיא גדולה כל כך לא נתגלית, לפי שאין כח במקבלים לקבל אורה והקטינה עצמא לצורך המקבלים.

106

תרשים א – כ"א.

107

ע"ח שי"ב פ"ד מ"ת דנ"ח ע"ג - גם צריך שתדע הקדמה אחת, והוא כי אי אפשר להיות בחינת הכלים, אלא ע"י הכאת האור מקיף באור פנימי, ומשם נעשה בחינת כלי מתולדת הכאה ההיא, וזכור זה.

בית לחם יהודה ש"ד פ"א - ובהכאה שהכה בהבל הזה נעשו הכלים. כי אור העין הוא אור מקיף שהוא חיה, ואורות אח"ף הם אור פנימי שהם נר"ן, כמ"ש בסמוך. ובחינת הכלים הם נעשים מהכאת או"פ ואו"מ זה בזה, כמבואר בפרק א' דשער העקודים, ובפרק ד' דשער י"ב,)יפה שעה(.

כלל – כדי שיהיה כלי צריך שיהיה הכאה)זיווג, בטישה(בין האור המקיף שהוא בחינת חיה, לבין האור הפנימי שהוא בחינת נר"ן.

108

כלל – הכאה היא בחינת זיווג, ובא"ק הרב ז"ל לא משתמש במוסג זיווג, אלא הכאה או ביטוש.

109

בית לחם יהודה ש"ד פ"א - ובהסתכלות זה יש פנימי וחיצון. הראיה שכנגד העין ממש נקרא פנימי, ושבצדדי העין נקרא חיצון, כמו שכתב בפרק ב' שבסמוך.

110

בית לחם יהודה ש"ד פ"א - כי יש בכל אברים פנימיות וחיצוניות. צ"ל כי יש בכלים אברים פנימיים וחיצוניים וכו'. וכן הגירסא בשער הקדמות ד"ל ע"ג, ובספר ע"ח כתב יד. ואברים הפנימיים הם מוח, לב, כבד, אצטומכא, כליות, וכו'. ואברים החיצוניים הם עור, ובשר, וגידין, כמבואר בסוף פרק י' דשער מ', יעו"ש. וכלומר ומה שהיה בהסתכלות העין שני בחינות פנימי וחיצון, לפי שגם בכלים יש אברים פנימיים וחיצוניים.

111

הרב ז"ל כתב למעלה שיש הבל מורגש שיוצא מהאוזן, והבל יותר מורגש מהבל מהאוזן הוא הבל החוטם, והבל יותר מורגש מהבל החוטם הוא הבל הפה.

112

הבל הפה מורגש על ידי הדיבור, הבל החוטם מורגש על ידי הנשימה של האויר שיוצא מהחוטם, הבל האוזן מורגש כאשר סוגרים את האוזן אפשר לשמוע רחשים, את הבל העין אי אפשר להרגיש אפילו אם סוגרים את העין.

113

השם הוי"ה, **דיבור ה'** השם הוי"ה, יש עוד בחינה שהיא נקראת קוץ של י', והיא הבחינה הנעלמת[114], **הרי ד' אותיות הוי"ה שהם חבת"ם**[115], **שהם** לא גורסים **נר"ן** [אלא צריך לגרוס **נ"א נרנ"חי**] נרנ"ח, **הראייה**[116] **היא חיה י', של השם הנקרא חכמה, כי**[117] **חכמה עליונה**[118] **מאירה דרך עינים, אלא שאם היה יוצא הכל ממש דרך העינים, לא היה אפשר למטה לקבלה** בגלל עוצמת אור בחינת החיה. **לכן לא**

מקום בינה ד"ב אות ט"ז - תבין הקדמה אחת וכו'. כי המצח נקרא פנים, והעורף נקרא אחור וכו', קול הרמ"ז אעפ"י שהמצח אין בו נקבים ונחשב לראש, עכ"ז כשנתחיל מנקב של האזנים, נראה שיש מן המצח ג"כ למטה מנקבי האזנים, ושם יצדק בו פנים ואחור, ועוד כי סוד הע"ב שבראש הם סוד השערות בלבד, אך מן המצח ולמטה הוא שורש ס"ג בפנימיותו, ולכן יצדק בחינת פנים ואחור, והיו המצח למטה מן האזנים, נתבאר בספר מ"ש בשער אריך פרק ז' ע"ש.
114

תרשים א – כ"ב.
115

חבת"ם – חכמה, בינה, תפארת, מלכות.
הזהר הקדוש, והמקובלים הקדמונים, וגם לפעמים הרב חיים ויטאל ז"ל קוראים לכל הו"ק בשם תפארת. בעיקר להסתיר את עינין ו"ק.
116

יפה שעה)ג(- וראיה היא חיה יו"ד של השם ונקרא חכמה כי חכמה העליונה מאירה דרך העינים כו'. הנה לא פורש בדברי רז"ל את החכמה העליונה המאירה דרך העינים מהו בחינתו. שהרי לקמן פ"ב משער טנת"א כתב רז"ל שמע"ב הכולל שבפנימיות א"ק לא הוציא לחוץ אלא בחינת אורות שערות הראש. והוא בחינת ע"ב דע"ב הכולל. ועוד כתב ז"ל ואחר כך הוציא שערות הזקן ונמשכים מס"ג עצמו הכולל הנקרא נקודות שמהם נעשה כללות ג' מוחין שבו יע"ש . ולפי זה נמצא שמוחין לא"ק נעשו משם ס"ג. ואורות אח"פ גם הם משם ס"ג, ואם כן במה התעלה אור החכמה העליונה המאירה דרך העינים. ואיך תהיה הראיה כלולה מאורות אח"פ. אחר היותם שוים מס"ג לס"ג הכולל. ועוד יש לעורר כי נמצא שע"ב דס"ג הכולל לא הוציא לחוץ אלא ג' בחינות שהם אורות אח"פ. והיה צריך להוציא ד' בחינות שהרי כל בחינה ובחינת כוללת טנת"א שלם. כמ"ש חז"ל בפ"ב משער התיקון גבי ס"ג דס"ג שהיא כוללת טנת"א שלם. ואם ס"ג דס"ג כוללת טנת"א שלם. כל שכן וקל וחומר ע"ב דס"ג שצריך להיות שהיא כוללת טנת"א שלם. ועינינו הרואות בלא הוציא לחוץ אלא שלשה בחינות אח"פ והרביעית היכן הוא. ולקמן שער שבירת הכלים פ"ז כתב רז"ל א"ק כולל עסמ"ב בעצמותו. וכל אחד מאלו הד' כלול מארבעתם ויוצאים ממנו גם כן אורות לחוץ שהם ענפיו. והע"ב הוא במוחין דיליה יע"ש. ואם כן שהמוחין לא"ק נעשו מע"ב הכולל. ניחא מה שכתב רז"ל בפרקין כי חכמה העליונה מאירה בהם. כי קאי על החכמה שבמוחין הנעשית מע"ב הכולל, ולהכי קרי לה חכמה העליונה. אלא שקשה מפרק ב' משער טעמים נקודות תגין אותיות, שמתבאר בדבריו כי מוחין לאדם קדמון נעשו מע"ב לס"ג הכולל.
117

בית לחם יהודה ש"ד פ"א - כי חכמה העליונה מאירה דרך העינים. חכמה הנזכרת היא חכמה דע"ב הכולל דא"ק)יפה שעה(, ודב"ש דע"ג ע"ד, ובהנד"מ דף נ"ב ע"ד.
118

יש ב' פרושים מי היא החכמה העליונה. הפרוש הראשון הוא החכמה העליונה נקראת ע"ב דע"ב דס"ג. והפרוש השני הוא שהחכמה העליונה הוא - ע"ב הכולל, הנקרא עסמ"ב דע"ב, המתלבש בתוך ע"ב דע"ב דס"ג.
תרשים א – כ"ג.

נִמְשָׁךְ מִמֶּנּוּ אֶלָּא הִסְתַּכְּלוּת לְבַד שהיא בחינת מלכות דחיה, **וְהָיָה**[119] **בּוֹ כֹּחַ לַעֲשׂוֹת כֵּלִים לְג' בְּחִינוֹת אֵלּוּ** שהם הכלים דאח"פ שהם ל' כלים. החכמה[120] נקראת רחוק, ואיך לומדים את זה, במקום אחד כתוב ותתצב אחותו מרחוק, ומקום שני כתוב אמור לחכמה אחותי את. למדים מהמילה אחות שבשתי הפסוקים, והקשר בין רחוק לחכמה. לכאורה הרב ז"ל לא היה צריך ללכת לספר ירמיהו כדי להוכיח כי רחוק היא החכמה, אלא מהפסוק בפרשת העקידה שאומר - וירא את המקום מרחוק, בפסוק זה מוזכר ראיה, ומוזכר מרחוק. בתפילה ידוע כוונות מרחוק, שהוא בחינת שם שד"י בגמטריה רחוק, והוא בחינת יסוד דאבא המתפשט בז"א כדי לתת מוחין, ואבא הוא בחינת החכמה, והחכמה[121] היא בחינת ראיה. **עֲשָׂרָה** כלים **דִּנְשָׁמָה בְּהֶבֶל אֹזֶן. עֲשָׂרָה** כלים **דְּרוּחַ בְּהֶבֶל חוֹטֶם. עֲשָׂרָה** כלים **דְּנֶפֶשׁ בְּהֶבֶל הַפֶּה**[122]**. וְזֶה סוֹד**[123]

119

יפה שעה)ד(- והיה בו כח להעשות כלים לשלשה בחינות יו"ד דנשמה להבל האזן, ויו"ד דרוח בחוטם, ויו"ד דפה בנפש, כו'. נמצא לפי זה שהם ל' כלים עשרה דנשמה, בתוך עשרה לרוח, ועשרה דרוח בתוך עשרה לנפש. ומתבאר לקמן כי כל הכלים לא נעשו אלא כאשר פגע אור ההסתכלות באור הנפש, שהם אורות הפה, כמו שכתוב וירא אלהים את האור כי טוב ויבדל וכו', שאם כן אינם שוים הכלים. שהרי לקמן בשער טנת"א פרק א', מתבאר שאורות האזן לא נתפשטו אלא עד שבולת הזקן. ובפרק ב' שם מתבאר כי אורות החוטם לא נתפשטו, אלא עד החזה. ובפרק א' ממ"ב מתבאר שאורות הפה נתפשטו עד הטיבור.)ולא קשה מידי דכן הוא האמת דכולם מתפשטים עד רגלי אדם קדמון, אלא שאין נראה מכל זה רק ראש התפשטתו. עיין חסדי דוד אות ט' . שמן ששון(

120

שער הפסוקים, וירא ד"ט ע"ד – ובזה נחזור לעניינינו, להבין על מה זה נקרא מואב. והענין יובן עם הנזכר, כי הנה על ידי אותם החמשה גבורות חדשות, שיצאו מזווג אבא עם אימא, אשר הם יותר ממותקות, והמתיקו את הגבורות האחרות כנזכר לעיל, ועל ידי כך ירדו כלם למטה ברחל, ונתקן בניינו. ולכן היא נקראת מואב, כי מהאב העליון היה תיקונה. וזה סוד – הוי"ה בחכמה יסד ארץ, באבא יסד ברתא, **ושמור כלל זה**, בכל המקום אשר נזכיר לך, בחינת הארה מיסוד אבא אל רחל, בסוד - ותתצב אחותו מרחוק, ובסוד - מרחוק הוי"ה נראה לי. וכמבואר אצלנו בברכת אבות, עיין שם, ודי למבין

שמות ב' ד' – ותתצב אחתו מרחק לדעה מה יעשה לו.

משלי ז' ד' – אמר לחכמה אחתי את ומדע לבינה תקרא.

בראשית כ"ד ב' - ביום השלישי וישא אברהם את עיניו וירא את המקום מרחק.

גמרא ברכות דנ"ו ע"ב – הבא על אחותו בחלום יצפה לחכמה, שנאמר אמור לחכמה אחותי את.

כלל – כל מקום שמוזכר רחוק בתנ"ך הכוונה לחכמה.

121

ע"ח ש"ד פ"א מ"ק די"ז ע"ד – והנה העינים שהם **סוד ראיה, שהיא החכמה**, הוא סוד נשמה לנשמה בסוד חכמה. ודע כי נר"ן מתלבשים תוך פנימיות הכלים שהוא הגוף. אך הנשמה לנשמה אין יכולת בגוף האדם לסובלה, ונשארת מבחוץ בסוד אור מקיף.

קהלת ב' י"ד – החכם עיניו בראשו והכסיל בחשך הולך וידעתי גם אני שמקרה אחד יקרה את כלם.

גמרא סנהדרין ד"ו ע"ב – שמא יאמר הדיין מה לי בצער הזה, תלמוד לומר עמכם בדבר משפט, **אין לו לדיין אלא מה שעיניו רואות.**

122

כדי ליצור הנהגה חדשה צריך שיהיו כלים, כי אור בלי כלי הוא לא מוגבל, והכלי הוא שמגביל את האור.

123

בית לחם יהודה ש"ד פ"א - וזה סוד מרחוק ה' נראה לי. בשער הקדמות ד"ל ריש ע"ד ביאר יותר, וז"ל - כי הראיה נמשכת מהחכמה הנקראת מרחוק עכ"ל, וכן הוא בזוהר משפטים דקכ"ה ע"ב, ובזוהר צו דל"ה ע"ב, ויעו"ש. ובאלו אורות אח"ף אומרים מרחוק שהיא החכמה, ה' שהוא א"ק נראה לי, נסתכל והבט בי.

הפסוק[124] **מרחוק הוי"ה נראה לי** כלומר אח"פ אומרים כי החכמה דא"ק שנקראת מרחוק נראה לי, **ומשאר הכלים אם היה יוצא מהם הסתכלות לבד** שהוא בחינת המלכויות דאח"פ, **דרך מסך כמו העינים, לא**[125] **היה כח בהם לעשות כלים** ולכן כדי לעשות כלים לאח"פ היה צריך את מלכות דהבל העינים הנקראת הסתכלות, עם כל הבל דאח"פ, שבערכם הם שווים, ומכה הסתכלות העין בהבל האח"פ, ומזה נוצרו הכלים דאח"פ. **וכל**[126] האורות שהתפשטו מהעינים והאח"פ דא"ק לחוץ **זה הוא** בחינת **דין** שהוא בחינת אור חוזר, אפילו שהם התפשטו באור ישר, אבל בערך פנימיות אורות אח"פ והעינים, אשר התפשטו תוך א"ק, האורות שיצאו מאח"פ והעינים נקראים אור חוזר,[127] שהוא דין **בין בבחינת התפשטות ההבל** שהם אורות האח"פ, **בין בהסתכלות הראות** שהם אורות העינים, הכל

124

ירמיהו ל"א ב' – מרחוק הוי"ה נראה לי, ואהבת עולם אהבתיך על כן משכתיך חסד.

125

בית לחם יהודה ש"ד פ"א - לא היה כח בהם לעשות כלים. כלומר לא היה בהם כח לבטוש, גם הם באור העין באור חוזר ולעשות מאותה הבטישה בחינת כלים לז"ת דאח"ף, כמ"ש לקמן. וזהו לסברת רבי גדליה הלוי ז"ל, אמנם לסברת מהרח"ו ז"ל לא היו אורות אח"ף עולים באור חוזר, אלא היו באור ישר, כמבואר בסוף פרק ב' שבסמוך.

126

בית לחם יהודה ש"ד פ"א - וכל זה הוא דין בין בבחינת התפשטות ההבל ובין בהסתכלות הראות. כי אורות אח"ף ואור העין אחר שנתפשטו בפנימיות א"ק, באור ישר חזרו ויצאו באור חוזר מנקבי העין ונקבי האח"ף, ולכן אעפ"י שנתפשטו מחוץ לא"ק באור ישר, עם כל זה נקרא דין, לפי שהתפשטות ההוא שמחוץ לא"ק עיקרו הוא מאור חוזר שבפנימיות הא"ק)יפה שעה (.

יפה שעה)ה(- וכל זה הוא דין בין בבחינת התפשטות ההבל, בין בהסתכלות. וראיה גמטריא רי"ו גבורה, ודבור גימטריא רי"ו עם ד' אותיות כו'. לפי זה צריך לומר שגם אורות אח"פ היוצאים מפנימיות א"ק. אחר שמתפשטים בו ביושר מעילא לתתא חוזרים ועולים בבחינת אור חוזר. כלי לצאת דרך נקבי אח"פ. ועיין בשער א"א באורות היוצאים דרך רישא דא"א, כי כולם הם באור חוזר. וכן בפרק א' משער המקיפין כתב רז"ל כי כל בחינת שערות היוצאים מרישא הוא בחינת אור חוזר. אלא שבמקום גבוה כזה לא רצה רז"ל לדבר ולהאריך. ומ"ש רז"ל לקמן פרק ג' ז"ל - ואמנם בסוד ראיה זו יש בה אור ישר ואור חוזר יע"ש. התם מיירי אחר יציאתו לחוץ. שאחר שיצא ובא לו לחוץ מתפשט בבחינת אור ישר מעילא לתתא עד הטיבור. ואחר כך חוזר באור חוזר מתתא לעילא כמ"ש רז"ל. ומהכאות אור ההבל אל אור ההסתכלות בדרך אור חוזר נעשו כלים לכל בחינה ובחינה לשאר הגוף. נמצא אורות אזן חוטם פה אחר שיצאו לחוץ אין בהם אלא בחינת אור ישר. ואור ההסתכלות יש בו שתי בחינות אור ישר ואור חוזר.

127

אור ישר הוא בחינת חסד, ואור חוזר הוא בחינת דין. הכוונה כאשר מתפשט האור הוא בחינת חסד, וכאשר מתמעטת התפשטות האור, כמו לדוגמה אורות האח"פ שיצאו רק מבחינת הבלים, זה נקרא דין, והוא מעוט התפשטות החסד, ונקרא אור חוזר.

גמרא ערובין דנ"ו ע"א - אמר רב יהודה אמר רב, כל עיר שיש בה מעלות ומורדות, אדם ובהמה שבה מתים בחצי ימיהן, מתים סלקא דעתא, אלא אימא, מזקינים בחצי ימיהן.

צריך לדעת כי עד מקום התפשטות ההבל של אח"פ, שהם בחיצוניות א"ק, שבתפשטות זאת היא באור חוזר, הנקרא אור יושר דחוזר, והאור החוזר נקרא חוזר דחוזר. כך בפנימיות א"ק מתפשטים אותם אורות באור ישר. סוגיה זאת נלמדת בהרחבה בשער טנת"א.

תרשים א – כ"ד.

יצא באור חוזר. **וראיה זו גימטריה**[128] רי"ו שהוא גמטריה **גבור"ה** והוא רמז שאור הראיה הוא דין, **ודבו"ר**[129] **גימטריה רי"ו עם ד' אותיות**[130] והוא רמז לבחינת ההבלים שהם בחינת דין, **והסתכלות** שהוא אור העינים **זה בא ומכה במקום**[131] **שמתחברים ג' הבלים ביחד** בשבולת הזקן, **שהוא בחינת נפש** של כל אחד מהאח"פ, **וזהו וירא** כלומר הסתכל **אלהים** שהוא א"ק בערך הקודם אליו, שנקרא הוי"ה **את האו"ר, כי האו"ר** רומז לשתי בחינות של אור[132] [די"ח ע"ב 35] **הוא בחינת הבל אזן וחוטם, שהוא** צ"ל שהם **בחינת נשמה** אור האוזן **ורוח** אור החוטם. **את** רמז למלכות[133] **הוא** צ"ל היא **בחינת הפה** כי המלכות נקראת פה[134], **שהוא נפש. ואז כשראה** א"ק **את הנפש** שהם נפשות דאח"פ **אז**[135] **ויבדל אלהים** לשון עשית הכלים[136], **שהוא עשיית שרשי הכלים** דאח"פ[137]. הרב נכנס לפרט חדש[138], **והסתכלות**

128

הגהות ובאורים)א(– מילת זו ליתא בכתב יד.

129

בית לחם יהודה ש"ד פ"א - ודבור גימטריה רי"ו עם ד' אותיות. וכן שמיעה וריחא שהם אזן וחוטם הם נקראים האור, כמו שכתוב בסמוך. ותיבת האור הוא ג"כ גימטריה רי"ו עם ד' אותיות.

130

דיבור הגמטריא 212, עם ארבע אותיות 216, רי"ו.

131

בית לחם יהודה ש"ד פ"א - במקום שמתחברים ג' ההבלים ביחד. הוא בשבולת הזקן כמבואר בפרק א' דשער טנת"א.

132

כי אור רומז לבחינת אור אחד, **האור** רומז לריבוי שהם לפחות שתי אורות.

133

זהר בראשית דרמ"ז ע"א – בכל אתר **את** הוי"ה דא שכינתא.

ע"ח ח"ב של"ח פ"ה דס"ב ע"ד - גם נבאר ענין משארז"ל אתין וגמין רבוין הם, כי מדבר על ענין ב' בחינות לאה ורחל. והנה נת"ל איך לאה לוקחת מן המוחין של ז"א בחינת ד' אלפי"ן של ד' שמות אהי"ה, המלביש נה"י דתבונה, שבתוכם מתלבשין המוחין והם גימטריא מד"ת, בסוד ומדת ימי מה היא כנ"ל. והנה בתחלה לוקחת אותן לאה שהיא למעלה קרובה אל מוחין דז"א, אח"כ יורדין ברחל, וזהו ענין אתין וגמין שהם רחל ולאה, שהם באים מרבוי המשכת השפע אשר בז"א במוחין שלו, יוצאין מהם לחוץ בבחינת שתיהן הנ"ל. לכן נקרא רבוין ע"ש שנתרבים, ונגדלין, ויוצאין מאחוריו בתוספת ורבוי הארת המוחין שבו, יוצאין ב' רבוים הנ"ל, שהם רחל ולאה, ורחל היא הנקרא **את** וכנזכר בזוהר, דכל אתר את היא נוקבא, וגם היא לאה, והענין הוא כי מן הד' אלפי"ן שהם גימטריא מד"ת נחלקה הארה, וכמספר ג"ם ממדת לוקחת לאה, וא"ת ממדת לוקחת רחל, ושתיהן גם את גימטריא מדת, כנ"ל.

כלל – כל מקום שכתוב **את**, הכוונה היא למלכות או נוק'.

134

תיקוני הזהר, הקדמה שניה, מאמר פתח אליהו – מלכות פה תורה שבעל פה קרינן לה.

135

בית לחם יהודה ש"ד פ"א - אז ויבדל אלהים. כי הכלי הוא הנותן הבדל, וגבול, וקצבה, אל האורות)שער הקדמות ד"ל ע"ד(, ולפי שאין עיקר הכלים אלא מאצילות ולמטה, כנזכר בפרק ג' דשער ג', משום הכי אמר שרשי הכלים, כי אינם רק שרשים לכלים דאצילות, וכמו שכתוב בריש פרקין שצריך שיהיה לכל זה שורש למעלה וכו'.

136

זֶה של אור החיה **בְּדֶרֶךְ יָשָׁר** שהוא במהותו אור חוזר **עָשָׂה**[139] **רוֹשֶׁם** לא גורסים רושם וצ"ל ראשים (**נ"א** צ"ל **רָאשִׁים**) **בְּכָל**[140] **בְּחִינָה וּבְחִינָה** שהם ג"ר לאח"פ[141]**, כִּי**[142] **פָּגַע בְּכָל בְּחִינָה וּבְחִינָה מִן הַהִסְתַּכְּלוּת** באותה בחינה שבאח"פ, ר"ל כל ספירה פרטית של אור ההסתכלות פגעה בדומה לה מההבלים דאח"פ, **לִבְחִינַת הֶבֶל כֶּתֶר** לכל אחד מהאח"פ **בְּכֶתֶר** דהסתכלות[143]. בעומק הדבר, מדובר הכח"ב דמלכות דחיה[144]. **וְכֵן**[145] **עַל דֶּרֶךְ זֶה נַעֲשָׂה כָּל רוֹשֶׁם** לא גורסים רושם אלא

מבדיל גמטריא אלהי"ם, שהוא בחינת דין, הנותן גבול וקצבה לכל כלי וכלי, ולכל נברא ונברא.

137

כאן הרב ז"ל עוסק בעולמות מעל עולם האצילות, במקום הגבוהה הזה, הרב ז"ל לא מדבר על כלים, אלא על שורשי הכלים, שהם אורות דקים בתכלית הדקות, אבל ביחס לאור שבתוכם הם נקראים כלים.

138

מהות כל אור היוצא מחוץ לא"ק הוא אור חוזר, וכך גם באור העין, כאשר האור יוצא מהעין הוא במהותו אור חוזר, עם כל זאת האור הזה נחלק לב' בחינות, האחת אור היוצא מן העין, ואור החוזר מההסתכלות. האור היוצא מן העין הוא נקרא אור ישר, והאור החוזר מההסתכלות נקרא אור חוזר, ובמהותםב' האורות הם אור חוזר. רק שאחד הוא ישר דחוזר, ואחד חוזר דחוזר.

139

בית לחם יהודה ש"ד פ"א - עשה רושם בכל בחינה ובחינה. איכא דגרסי עשה ראשית. ואיכא דגרסי עשה ראשים. ושלשתם עולים בקנה אחד, והענין הוא כי מבואר בפרק ג' דלקמן, וז"ל - ואמנם זה אור הישר היה בו כח לעשות כלים בסוד הראש, שהם ג"ר, אבל עכ"ז לא היה יכול להיות ניכר עד שפגע ראיה זו בנפש עצמה, ובהפגעה שם נגמר עשיית הכלים אל הראש שהם ג"ר, אך כלים אל הגוף שהם ז"ת, עדיין לא היה כח בראיה זו, עד שפגעה בנפש הנפש עצמה, וע"י הסתלקות שניהם ממטה למעלה, שהם אור העקודים, ואור העין, היה האור חוזר ומלביש את הז"ת יעו"ש. וכך כתב בשער הקדמות דל"א סוף ע"ב יעו"ש. נמצא דג' הגרסאות הם אמת, כי עשה רושם, שהוא ראשית הכלים של הראשים.

140

בית לחם יהודה ש"ד פ"א - בכל בחינה ובחינה. ר"ל עשה ראשית הכלים דבחינת י"ס דאזן. ודבחינת י"ס דחוטם ודבחינת י"ס דפה.

141

לכל אחד מההבלים דאח"פ יש שעור קומה של י"ס, ואור ההסתכלות עשה תחילה כלים לכח"ב דהבל האוזן, כלים לכח"ב דהבל החוטם, וכלים לכח"ב דהבל הפה.

תרשים א – כ"ה.

142

בית לחם יהודה ש"ד פ"א - כי פגע כל בחינה ובחינה מן ההסתכלות בבחינת הבל וכו', כך צריך לומר. וכן הוא בשער הקדמות ד"ל ע"ד, וכן הוא בספר תולדות אדם כתב יד הנכתב בשנת ת' ליצירה. והענין הוא כי ההסתכלות הוא כולל י"ס, והמלכות שבו יצאה ראשונה, לפי שהיא אחרונה שבפנימיות העין, כמ"ש בסמוך. והכלי אינו נגמר אלא עד שיכה בו ההסתכלות המיוחס לאותה הספירה, דהיינו כתר בכתר, וחכמה בחכמה, ובינה בבינה. א"כ לא נעשו כלים לכח"ב עד אשר הגיע ההסתכלות למקום הנפש דאח"ף, שאז יצאו למעלה גם בחינת הכח"ב דהסתכלות, ועמדו כל אחד במקום הראוי לו, ואז הכו הסתכלות הכח"ב דעין, באורות הכח"ב דאח"ף שכנגדם, ואז נגמרו כלי הכח"ב דאח"ף. אמנם על כל פנים קודם שיגיע אור העינים לנפש דאח"ף, נעשה איזה רשימו לכלי הכח"ב, אלא שלא נגמר לגמרי עד שפגע כתר בכתר, וכו'.

143

כתר הבל דאוזן היכה בכתר דהסתכלות, ונעשה כלי הכתר דהבל האוזן. כתר הבל דחוטם היכה בכתר דהסתכלות, ונעשה כלי הכתר דהבל החוטם. כתר הבל דפה היכה בכתר דהסתכלות, ונעשה כלי הכתר דהבל הפה. וכן בחכמה ובינה של כל אחד ואחד.

144

ראשית (נ"א צ"ל **ראשית**) **הכלים** שהם כח"ב דאח"פ. **החיצונים**[146] שהם חיצוניות דכח"ב דהסתכלות העין **באברים חיצונים** שהם חיצוניות הכלים דכח"ב דאח"פ. **ופנימיים** שהם פנימיות דכח"ב דהסתכלות העין **באברים פנימיים** שהם פנימיות הכלים דכח"ב דאח"פ. **ולא נגמר זה** שהם עשית הכלים **עד שהכה הסתכלות במקום**[147] **שמתחברים ההבלים** שהוא בשיבולת הזקן, **שהוא**[148] **התפשטות ההבלים שהוא חיצונות**[149] שהם בחינת המלכויות ההבלים דאח"ף[150] **שלהם, ומהכאת**[151] **אור ההבל** דאח"פ **אל אור הסתכלות, חזר אור הסתכלות** לעין **בדרך אור חוזר, ונעשה כלי בכל בחינה ובחינה לשאר** (נ"א **לזה**) **הגוף** שהם חג"ת נהי"ם דאח"פ. **החיצונות** חיצוניות חג"ת נהי"ם דהסתכלות העין **לאברים חיצונים** שהם חיצוניות הכלים דחג"ת נהי"ם דאח"פ, **פנימים** ופנימיות חג"ת נהי"ם דהסתכלות העין **לאברים פנימים** שהם פנימיות הכלים דחג"ת נהי"ם דאח"פ. (**והעשר**) צ"ל והעשר [לא גורסים **וכאשר**][152] **שבהסתכלות** שהם י"ס דמלכות דחיה, **כל הדבוק יותר אל שורשו, הוא**

הרי כל בחינת ההסתכלות היא מלכות דשעור קומה של אור העין, שהוא מלכות דחיה, אם כן כאשר הרב ז"ל אומר כי הכח"ב דהסתכלות פגע בכח"ב דאח"פ, הכוונה היא לכח"ב דמלכות דחיה פגעה בכח"ב דאח"פ.

145

בית לחם יהודה ש"ד פ"א - וכן על דרך זה נעשה כל ראשי הכלים. לפי שלעיל מזה לא זכר כי אם כלי הכתר לבד, משום הכי סיים - וכן על דרך זה נעשה כל ראשי הכלים שהם החו"ב.

146

בית לחם יהודה ש"ד פ"א - החיצונים באברים חיצונים. ר"ל החיצונים דהסתכלות באברים החיצונים דכח"ב, כי בהסתכלות יש פנימי וחיצון כמ"ש כתחלת דבריו.

147

בית לחם יהודה ש"ד פ"א - במקום שמתחברים ההבלים. הוא נגד הפה, במקום שבולת הזקן דא"ק, כמ"ש בפרק א' דשער טנת"א.

148

בית לחם יהודה ש"ד פ"א - שהוא התפשטות ההכלים. כי סוף קילוח האור דאח"ף הוא נחלש ומתרחב ומתפשט לצדדים, ונקרא חיצוניות, כמ"ש בפרק ב' שבסמוך.

149

הגהות ובאורים)ב(– ר"ל כי התפשטות נקרא חיצוניות. ע"ח כתב יד.

150

כל אור המתרחק ממקורו נקרא חיצוני בערך האור הקרוב למקור, יוצא מזה כי כח"ב נקרא פנימי, חג"ת נקרא אמצעי, ונה"י נקרא חיצוני. לפעמים הרב ז"ל קורא לחג"ת חיצוני, ולנה"י חיצוני דחיצוני. בערכין הפנימיות נקרא ג"ר, והחיצוניות ו"ק.
תרשים א – כ"ו.

151

בית לחם יהודה ש"ד פ"א - ומהכאת אור ההבל וכו'. השתא אתא לפרושי בחינת הכלים דז"ת היאך נעשים, וקאמר דהשתא אור האח"ף הוא היה המכה באור ההסתכלות, ולא כזמן עשיית הכח"ב שהיה אור העין הוא מכה באורות האח"ף.

152

בית לחם יהודה ש"ד פ"א - וכאשר שבהסתכלות כל הדבוק וכו'. צ"ל והעשר שבהסתכלות כל הדבוק יותר אל שרשו הוא יותר עליון, כי כתר היותר קרוב וסמוך לעין יצאה אחרונה, והמלכות יצאה ראשונה, וכו', כן הגהה בספר תולדות אדם הנז"ל, וכן הוא בע"ח כתב יד, ובשער הקדמות ד"ל ע"ד.

יותר עליון[153] וזה פשוט, **כי כתר** (לא גורסים **נ"א הכתר**) **סמוך לעין יצאה אחרונה, והמלכות** דהסתכלות **יצאה ראשונה** ואחריה יסוד, הוד, נצח, וכו' עד שהאחרון יצא הכתר דהסתכלות, (לא גורסים **נ"א הוא יותר סמוך לעין כו' כי המלכות**) **וכשמכה**[154] **וחוזר** אור ההסתכלות **אז כל בחינת הכלים** דחג"ת נהי"ם דאח"פ **שוין**[155] בתחתית שלהם, **שאם**[156] צ"ל שאז **היסוד**[157] [לא גורסים **נ"א שאף שהיסוד**] **היה מתפשט לפנים יותר מן המלכות, היה שוה אל המלכות**[158]**, אף** (צ"ל **שהוא**) **יסוד** והיה צריך

153

יפה שעה)ו(– ומה שכתב רז"ל וכאשר ההסתכלות כל הדבק יותר אל שורשו עד יע"ש בביאורינו. כל זה הלשון קדשו להבינו וצריך לפרשו איש איש לפי מהללו כאשר חננו ה', כי הוא יאיר עינינו.

154

בית לחם יהודה ש"ד פ"א - וכשמכה וחוזר אז כל בחינת הכלים שוים. פירוש כל הז"ת הם שוים בבחינה זו, כי כולם נעשו מאו"ח, ואין חילוק ביניהם, וקא מפרש ואזיל היאך היו עשיית הכלים דז"ת שוים, ואמר שם היסוד וכו', וכמו שנפרש.

155

הגהות ובאורים)ג(– אמר המגיה, מצאתי הגהה אחת בע"ח כתב יד של החסיד מו"ר אלכסנדר זיסקינד ז"ל בעל המחבר יוש"ה)יסוד ושורש העבודה(, וז"ל - ר"ל כי למעלה בדרך יושר עושה ראשים מכל בחינה ובחינה מהסכלות אל ההבלים. אבל כאן בדרך אור חוזר, שנעשה כלים אל הגוף היה שוות)מל'(שבג' ראשונות כל אחד יש לו מעלה מחברו, שאין כל אחד גדול מחברו.

156

בית לחם יהודה ש"ד פ"א - שהם היסוד וכו'. גרסת ספר תולדות אדם כתב יד הנכתב בשנת ת' ליצירה, זה נוסחה **שאז היסוד** היה מתפשט לפניו יותר עד המלכות, והיה שוה אל המלכות, אף שהוא יסוד שהרי נתפשט יותר. כי היסוד מרוב אורו על המלכות היה בו כח להתפשט יותר וכו', והיא גם נכונה, והכי פירושו והוא כי אין אור הישר חוזר ועולה באו"ח, אם לא שימצא איזה דבר המעכב התפשטותו למטה, ולכן בהגיע הסתכלות העין במלכויות אח"ף ששם הוא גמר ג' עולמות אח"ף, אז הכו המלכות דאח"ף במלכות ההסתכלות, וע"י הכאה זו חזר אור העין באו"ח, ונעשה בחינת כלים למלכויות אח"ף. ולפי שיש להבין בשלמא מה שנעשה כלים למלכות אח"ף, ניחא כי מלכות דהסתכלות היא או"מ הנקרא חיה, וכשמכה בו או"פ דנר"ן שהם מלכויות אח"ף, נולד מהם כלים למלכויות אח"ף, כמ"ש לעיל בד"ה ובהכאה וכו', אבל בחינת היסוד דהסתכלות הנה אף על פי שגם הוא חזר ועלה באו"ח, זהו מסיבת מלכויות דהסתכלות אשר לפניו, הדוחקת בו כעת עלייתה באו"ח ומחזירתו לאחוריו, לפום מאי דס"ד השתא, וחזרה כזו אינה מועלת לעשות כלי, כי אין כלי נולד כי אם מבחינת הכאת או"פ ואור המקיף זה בזה, ומאחר שהיסוד לא היה בו הכאה ממלכיות דאח"ף שהם או"פ, אם כן היאך נעשה כלי ליסודות דאח"ף, וקושיא זו תסוב נמי גם על הכלים דחג"ת ונצח הוד. לזה בא לתרץ רבי גדליה ז"ל קושיא זו, באומרו שאז היסוד היה מתפשט לפניו יותר עד המלכות וכו', ר"ל עד המלכות דאח"ף. והוה שוה אל המלכות של ההסתכלות שלמטה ממנו, וכלומר וגם ביסוד היתה הכאת המלכויות דאח"ף. ונקט יסוד והוא הדין לחג"ת ונו"ה.

157

הגהות ובאורים)ד(– אור מקיף זה הוא קיים, שכן היה באמת שבחזרת המלכות בהכאתה בפה, היה מתפשט היסוד במקום המלכות להכות בפה, וכן כולם, וכן נמצא שבחינת הכלים עצמן הם שוים, שקנו הוייותם מהכאת האור אף שהוא עליון ברדתו למטה כנגד הפה, והיה בסוד מלכות כלים, ומה שכתוב בשורה כ"ב וכשחוזר האור הוא ענין ראשון והבן זה. מספר מקום בינה.

158

צריך לדעת כי אפילו שאנו מציירים את הפרצופים והספירות עומדים אחד מעל לשני, אבל בעומק הדבר כי כולם מסתיימים באותו מקום, שהוא קרקע האצילות, אפילו שהרב ז"ל כותב כי אבא ואימא הם קצרי קומה

להסתיים יותר גבוהה מהמלכות, **שהרי נתפשט יותר** עד המלכות, **כי היסוד מרוב אורו על המלכות היה בו כוח להתפשט יותר, ואין**[159] **בו** בכלים שלו **מעלה יותר** גדולה **אל** ר"ל על **המלכות** והם מסתיימים בשוה, כל הז"ת של כל אחד מהאח"פ במלכות שלו,[160] והסיבה שהמאציל האריך את ז"ת דהבלים של האח"פ עד מקום המלכות שלהם, כדי שצריך את הענין של ההתנגדות כדי שאור ההסתכלות יכה בהבלים דז"ת דאח"פ, ויעשו הכלים לז"ת דההבלים דאח"פ, (לא גורסים **נ"א כי היסוד למעלה אל המלכות**) **אלא מפני שזה התפשטות הוא בסוד אור חוזר** ואפילו שהוא יורד ביושר, הוא נקרא אור חוזר בערך האור שבפנימיות א"ק, **שהוא חוזר** אור ההסתכלות, אחרי שהכה בהבלים

והרגלים שלהם מגיעים עד חזה דא"א, עם כל זה רגלי או"א מסתימים בשווה עם כל רגלי פרצופי האצילות בקרקע האצילות. גם כאן באורות אח"פ שכמובן שיש מעלה לספירות העליונות על התחתונות, עכ"ז כל הספירות של האזן מסתיימות באותו מקום, שהוא שבולת הזקן, וכל הספירות החוטם מסתיימות בחזה, וכל ספירות הפה מסתיימות בטבור.

תרשים א – כ"ז.

ע"ח ש"ג פ"א דט"ז ע"ג - הרי כשנעריך בדיעה יתירה נמצא היות כל קומת מלכות שיעור ספירה אחת לבד בערך כללות כל עולם האצילות. וז"א יהיה ו"ק של כללות עם שהוא בעצמו י"ס. ואו"א גבוהים ממנו וראש הכתר גבוה מעליהם. האמנם רגלי כולן שוין עד סוף האצילות רגלי עתיק ורגלי א"א ורגלי או"א ורגלי זו"ן כולן שוין אכן יתפרדו בראשם זה למעלה מזה באופן כי יהיו כולם מלובשים זה מלבוש לזה וזה מלבוש לזה.

ע"ח ש"י מ"ת דמ"ח ע"ג - והנה מציאת מקום התפשטות כל אלו פרצופי הזכרים והנקבות הנעשין מהתחברות מ"ה וב"ן כנ"ל, הנה מקומם במקום שהיו תחלה הנקודות שיצאו דרך נקבי העינים, והוא מטבורא דא"ק עד סוף רגליו, ואור המצח הנקרא שם מ"ה, אע"פ שיצא מלמעלה מן המצח הנה מתפשט משם ולמטה, ומתחיל מציאותו מן הטבור עד סוף סיום רגליו כנ"ל, אבל מה שנשתנה עתה מבראשונה בעת יציאת נקודות העינים הוא זה, כי אז היתה נקודת הכתר במקומה לבד בפני עצמה, ואחריה נקודת החכמה לבדה בפני עצמה, וכעד"ז היו כל הי"ס. אבל עתה נתוסף תיקון גדול, והוא כי נקודת הכתר נמשכה ונתפשטה ממקומה עד למטה קרוב אל סיום רגלי א"ק כמ"ש בע"ה, וזה ההתפשטות הוא כל שיעור הנקרא בשם עולם אצילות, ונקודה זו היא נקראת נוקבא)נ"א נקודת(דע"י, וכעד"ז עתיק יומין דדכורא הנעשה מטעמים דמ"ה כנ"ל, גם הוא מתפשט לשיעור הנ"ל. וכן עשו כל השאר א"א ונוקבא ואו"א וזו"ן והלבישו זה את זה עד בחינת זו"ן, באופן שכל רגלי הפרצופים דאצילות בין דעתיק, בין דא"א, בין דאו"א, בין דזו"ן, **כולן שוין בסיומם, והם מסתיימים יחד** מעט למעלה מסיום רגלי א"ק, ושם הוא סיום האצילות כולו, ועי"כ נעשה נשמה זה לזה, וזה מלביש לזה. וגם כי על ידי זה יוכלו הנבראים לקבל אורות העליונים, שהם עתה מכוסים ומתלבשים זה תוך זה, וגם כי הכלים שלהם הגדילו ע"י שנתפשטו עד למטה, ובזה יש בהם כח לקבל האורות שלהם בהיותן כלים גדולים.

159

בית לחם יהודה ש"ד פ"א - ואין בו מעלה יותר אל המלכות אלא מפני שזה התפשטות הוא בסוד או"ח שהוא חוזר ומתקרב אל מקורו. ר"ל ואין ביסוד בענין עשיית הכלים מעלה יותר ממלכות ההסתכלות בזה, לפי שגם הוא נתפשט עד מלכיות אח"ף, אלא שמעלה אשר בו היא שזה ההתפשטות הוא חוזר ועולה אל מקורו, שהוא היסוד עצמו, משא"כ במלכות ההסתכלות שלא הוצרך אורה להתפשט ולחזור באו"ח, יען כי עצמה נגעה ופגעה במלכויות אח"ף, ומהכאה אשר שם נעשה הכלי דמלכויות אח"ף.

160

ז"ת דהבל האוזן מסתימים במקום המלכות דהבל האוזן, שהוא בשבולת הזקן דא"ק. ז"ת דהבל החוטם מסתימים במקום המלכות דחוטם, שהוא בחזה דא"ק. ז"ת דהבל הפה מסתימים במקום המלכות דהבל הפה, שהוא בטבור דא"ק.

תרשים א – כ"ח.

דאח"פ **ומתקרב אל מקורו** בעינים, **אבל**[161] **בבחינת הכלים עצמן** במקום עשיתם **הם שוים**, ואחר כך חוזרים למקומם האמיתי, היסוד מעל למלכות, ההוד מעל ליסוד, וכו'. [162]**וכשחוזר**[163] **האור ומלביש**[164] **ההבל** של כל אחד מהאח"פ, **נמצא**[165] **כשהוא סמוך לפה** וכבר יש להבל הפה ג"ר[166], **גדול הבל הפה מהבל האוזן, כי הבל הפה הוא עתה סמוך לפה** שמשם יצא, וחזר אחרי שנעשו לו כלים]די"ח ע"ג 36[**בבחינת ראש** שהם הג"ר שלו, **והבל האוזן** והחוטם **עדיין הוא בבחינת שאר הגוף** לכן בשלב זה הבל הפה מעולה מהבל החוטם והאוזן, כי הוא

161

בית לחם יהודה ש"ד פ"א - אבל בבחינת הכלים עצמם הם שוים. כי גם הסתכלות היסוד והחג"ת והנצח והוד, כולם נתפשטו למטה עד מלכיות דאח"ף, וממוצא דבר תבין כי מ"ש לעיל ומהכאת אור ההבל אל אור הסתכלות, חזר אור הסתכלות בדרך אור חוזר, ועשה כלי בכל בחינה ובחינה, לשאר הגוף וכו', כוונתו על אור המתפשט מן חג"ת ונה"י עד מלכיות אח"ף והארתם, זו היא אשר היתה באו"ח שחזרה למקורה לחג"ת ונה"י של ההסתכלות, ואין כוונתו על עיקר הי"ס דהסתכלות עצמו, כי אור הי"ס דהסתכלות לא היו הם עצמם בבחינת או"ח, ולא חזרו למקורם בעיני א"ק, יען כי הם בחינת או"מ דג' עולמות אח"ף, ואי אפשר לעולמות אח"ף לישאר בלא או"מ.

162

הגהות ובאורים)ה(– מצאתי בע"ח כתב יד זה הלשון - שאף שבהתפשטות היה היסוד מתפשט לפניו יותר מן המלכות, כי היסוד מרוב אורו על המלכות היה בו כח להתפשט יותר מן המלכות, אלא מפני שזה היה בסוד אור שחוזר ומתקרב אל מקורו, לא היה מתפשט יותר , והיה שוה אל המלכות, ולכן בחינת כל הכלים שוים, וכשחוזר וכו'.

163

בית לחם יהודה ש"ד פ"א - וכשחוזר האור וכו'. ר"ל שהכלים דז"ת דאח"ף לא היו שוים בגבהם זה על זה, כי ז"ת דאזן הם עליונים וגבוהים, והם פוגעים כנגד הג"ר דאורות החוטם, וכן הז"ת דחוטם הם עליונים ופוגעים בג"ר דאורות הפה, וזה אומרו **וכשחוזר** האור של הז"ת דהסתכלות באור חוזר.

164

בית לחם יהודה ש"ד פ"א - ומלביש ההבל. של הז"ת דאח"ף.

165

בית לחם יהודה ש"ד פ"א - נמצא כשהוא. מלביש להז"ת דאזן ולז"ת דחוטם שהם מכוונים סמוך לפה . שם הוא גדול הבל הפה מהבל האזן וכו

166

אם אנו מציירים את אורות האח"פ שהם מלבישים אחד את השני, כאשר אורות החוטם מלבישים את חג"ת נה"י דאור האוזן, ואור הפה מלביש את חג"ת נה"י דחוטם, יוצא שהשבולת הזקן נמצאים חב"ד דאור הפה, חג"ת דאור החוטם, ונה"י דאור האוזן. כאן מובנים דברי הרב, כי כל האורות והכלים של הפה נשלמו בעלית האור החוזר דהסתכלות, לעומת האורות והכלים דחוטם ואוזן, כי לחוטם נשלמו אורות וכלים דחג"ת נה"י, ולאוזן רק אורות וכלים דנה"י, לכן בנקודה זאת אור הפה מעולה מאור האוזן, כי אור הפה קרוב למקור שלו מאורות החוטם ואוזן.

תרשים א – כ"ט.

קרוב אל מקורו, שהוא הפה, ושלם בכל שעור הקומה שלו, **עד שיעלה** האור החוזר **נגד** החוטם,[167] ואחר כך כנגד **האזן**[168] עד כאן דברי רבי גדליה הלוי.

מכאן הם דברי הרב חיים ויטאל **ועיין**[169] **שם בביאורינו** בתחילת הדרוש הזה, **בענין**[170] הרב חוזר על התחלת הדרוש **היות ב' נקבי האזן** שהם בחינת הבינה והתבונה, **וב'**[171] **נקבי החוטם** שהם בחינת ישראל ויעקב, **וב' בחינות פה, קול ודבור. שהם גרון ופה. והם בחינת לאה** הגדולה ו"ק דב"ן **ורזול** הקטנה מלכות דב"ן. **ואף על פי** הרב חוזר על הקושיה מתחילת הפרק על הענין **שקול הוא בת"ת** כמו שכתוב בספר הזהר, והתשובה היא בהגהה של הרש"ש,[172] **הענין**[173] **הוא** כאן יש תרוץ אחר של הרב **שמכאן נמשך מקיף** (צ"ל **אל הדבור נ"א**), **מהקול אל הת"ת** לא גורסים מהקול אל התפארת, **ומהדבור אל המלכות, ומה**[174] **שלפעמים עלה ישראל** שהשורש שלו הוא בחוטם, **לחכמה**[175] שהוא אור העין, ששם שורש אבא וישראל סבא, **אע"פ**[176]

167

תרשים א – ל.

168

תרשים א – ל"א.

169

בית לחם יהודה ש"ד פ"א - ועיין שם בביאורינו. מהרח"ו ז"ל קאמר לה ולא רבינו גדליה ז"ל, וכמבואר בשער הקדמות ד"ל ע"ד, וז"ל ועי"ש במה שביארתי אני בדרוש הזה ענין היות ב' נקבי האזן וכו', ושני נקבי החוטם. שהם שורש ז"א ויעקב כמבואר בריש פרקין.

170

בית לחם יהודה ש"ד פ"א - ענין היות ב' נקבי האזן. כלומר ולא היה נקב א' בלבד, לפי שהם שורש לבינה ותבונה.

171

בית לחם יהודה ש"ד פ"א - ושני נקבי החוטם. שהם שורש ז"א ויעקב כמבואר בריש פרקין.

172

לאה שהרב ז"ל מדבר עליה כאן היא **לאה הגדולה**, ולא לאה הנקראת קשר של תפילין. לאה הגדולה היא בעצם הנוק' דז"א, הנקראת ו"ק דב"ן, ז"א נקרא התפארת בלשון הזהר, בלשון המקובלים הקדמונים, וגם בלשון הרב ז"ל בכמה מקומות.

173

בית לחם יהודה ש"ד פ"א - הענין הוא שמכאן נמשך מקיף מהקול אל התפארת ומן הדבור אל המלכות כך צריך לומר. כן הגירסא בשער הקדמות ד"ל ע"ד וכן הוא בספר תולדות אדם הנז"ל, וכן הגיה חכם רבי אליהו מני ז"ל מע"ח כתיבת יד, וכן בע"ח כתב יד דשנת ע"ת. ואף על פי דבריש פרקין כתב כי מהקול נעשה נשמה לז"א וכו', לא קשיא מידי, כי הנשמה דז"א היא מלובשת בנה"י דאימא וכשנכנס היסוד דאימא בגרון דז"א נבקע ויוצאים ממנו ז' הבלים ונעשים בחינת מקיפין לז"ת דז"א כמבואר בשער הכוונות בדרוש י"א דעומר דפ"ה ע"ב ובפרק ה' דשער כ"ה ובדברינו בפרק ג' דשער טנת"א ד"ה שהם נפתחים יעו"ש, והם מקיפין גם את הז"ת דנוקבא כמ"ש בפרק ד' דשער י"ז כלל ב'. ובשער הליקוטים קהלת על פסוק - הבל הבלים וכו', והיינו דקאמר ומהדיבור אל המלכות.

174

בית לחם יהודה ש"ד פ"א - ומה שלפעמים עולה ישראל לחכמה. כמ"ש ישראל עלה במחשבה.

175

שהשורש הוא לעולם הוא **כאן (הוא של ישראל הוא ת"ת) בחוטם, והעינים הוא בחכמה** והשאלה היא איך עולה ישראל לחכמה, והתשובה **עכ"ז עולה. כמאן**[177] **דארח** כמי שמריח, **שעולה ריח ניחוח עד המוח**[178]**. כי שם הוא חכמה ע"כ**[179]**.**

החכמה נקראת מחשבה, וישראל שהוא ז"א עולה לפעמים)כמו במוסף דשבת(לחכמה.

בראשית רבה – א' ד' - ישראל עלו במחשבה תחילה להבראות.

שמות ל"ו ח' – ועשו כל **חכם** לב בעשי המלכה את המשכן עשר יריעות שש משזר ותכלת וארגמן ותולעת שני כרובים מעשה **חשב** עשה אתם.

זהר בראשית דכ"ד ע"א עם תרגום ופרוש - **ישראל דסליק** ישראל שעולה **ביו"ד ה"א וא"ו ה"א** בשם מ"ה שהוא יו"ד ה"א וא"ו ה"א, ושם זה הוא בז"א הנקרא ישראל. **ורזא דמלה** וסוד הדבר, **ישראל עלה במחשבה להבראות** ישראל עלה במחשבה להבראות, כלומר בחכמה הנקראת מחשבה. **מחשבה** היא מורכבת משתי מילים של **חש"ב מ"ה, וביה תשכח שמא קדישא** ובו תמצא את השם הקדוש.

176

בית לחם יהודה ש"ד פ"א - אעפ"י שהשורש. של ז"א.

177

בית לחם יהודה ש"ד פ"א - כמאן דארח ריחא. שעיקר הריח הוא בחוטם, כי הוא המריח, ועם כל זה עולה הריח עד המוח, כמ"ש בשער הכוונות דע"ב ע"ד, בענין ברכת ההדס דליל שבת שלאחר ברכת המזון.

178

שער הכוונות דרושי קידוש ליל שבת, דרוש א', ענין השלחן - ונבאר כוונת הריח אשר ייעדנו לעיל לכתוב ביאורו בכאן, וכוונה זו איננה פרטית לזמן הזה, אבל בכל פעם שתריח איזה ריח טוב בכל זמן מהזמנים, תכוין כונה זו, ואף אם הוא מיני בשמים אחרים שאינם מין הדס, וזה עניינה. והנה היסוד של כוונה זו מיוסד על ד' **תיבות אשה ריח ניחוח להוי"ה,** אבל סדרן כפי הכוונה זו הוא באופן זה, ריח ניחח אשה להוי"ה.

דע כי ענין הריח הוא בחינת הגבורות המתפשטות למטה, שחוזרות להתמתק בשרשם, בסוד הריח, כי הנה מקום ה' גבורות הוא בה' מקומות, כנזכר באדרת נשא, והם חוטמא, פומא, דרועין, ידין, אצבען. וחוטמא הוא העליון שבכולם, וכשהגבורות מתקבצות ועולות ונכנסות בסוד הריח, דרך נקבי החוטם, הנה הם עולות עד המוח הנקרא דעת, אשר שם עטרא דגבורה, שהיא שורש כל הה' גבורות כנודע, ואז הם מתמתקים שם כנודע, כי אין הדינין מתמתקים אלא בשרשם, וכמבואר אצלינו בסוד פרה אדומה.

ועתה נבאר פרטי המדריגות שיש בענין הריח, כי הלא הריח עצמו קודם הכנסו תוך החוטם, אז הוא בבחינה אחת, ואז נקרא **ריח** בלבד, והוא ענין הדינין שהוא בחינת האחורים הפשוטים משם אלקים, כזה – **א, אל, אלה, אלקי, אלקים,** שהם בגימטרה ר', ועם ה' אותיות פשוטות של אלקים, ועם י"ג אותיות במילואו, הרי הכל בגימטריה ריח, וזו מדריגה א'.

תרשים א – ל"ב.

ואחר כניסתם אל תוך החוטם נקרא **ניחח** מלשון נחת רוח, כי אז מתחילים להתמתק כנודע ענין חרון אף, שענינו הוא יציאת הדינין מן החוטם ולחוץ, בסוד כי אז יעשן אף הוי"ה כו', ובסוד ויחר אף הוי"ה בם וילך, כנזכר באדרא, וההיפך בכניסתם אל תוך החוטם, כי אז מתמתקים הגבורות ומתקבצים שם, ואינם מתפשטות לחוץ לעשות דין בעולם. והנה החוטם יש בו ב' נקבי האף, ובהכנם הריח זה אל תוך החוטם, מתחלק לב' הבלים, דרך ב' נקבים, והנה ב' פעמים הבל, הוא בגימטריה ניחח עם ב' הכוללים שלהם.

תרשים א – ל"ג.

ואח"כ עולה הריח מדריגה ג', דרך האמצעיות המצח, כי החוטם הוא קו מישור כנגד אמצע המצח, והנה מוח הדעת הוא ממש עומד כנגד המצח, וכמבואר אצלינו בענין נתינת אפר מקלה במצח במקום הנחת תפילין, כי שם עומדים הגבורות, אבל המצח עצמו הוא למטה ממקום זה. וזהו טעם היות המצח מקום גילוי הדינין, כנזכר בב' האידרות, כי יש שם כ"ד בתי דינין במצחא, בסוד ומצח אשה זונה כו', ולכן ריח הגבורה עולה עד המצח,

כי שם ג"כ הוא שרשם כנזכר, ובהיותו עולה שם נקרא בחינת **אש"ה** שהוא שם אלקים במילוי יודין שהוא בגימטריה שין ועם ה' אותיותיו הפשוטות, ועם השם עצמו, הרי הוא בגימטריה אש"ה.

תרשים א – ל"ד.

אח"כ עולה הריח מדריגה ד')**להוי"ה**(, והוא עד המוחין עצמם, ואותם ב' ההבלים הנכנסים דרך שני נקבי החוטם, שהם בגימטריה ניחח כנ"ל, הנה הם עולים עד המוחין, שהם בחינת ד' הויו"ת עסמ"ב, הנכללים בד' אותיות הוי"ה אחת, והם סוד חו"ב וב' עטרין דדעת חו"ג. והנה אותיות ניחח הם כמספר אות למד במילואה של להוי"ה, והוי"ה עצמה הם ד' מוחין הנזכר.

תרשים א – ל"ה

רבינו הרש"ש סידר את כוונת הריח ביותר פרטות בסידורו הטהור.

תרשים א – ל"ו.

179

הגהות ובאורים)א(– אמר המגיה, זה לשון שער ההקדמות)ד"ל ב'(ואמנם בחינת המלכות יצאה בראשונה, וכשהאור חוזר ומכה וחוזר אז כל בחינת הכלים כולם היתה שוה, שאם היסוד היה מתפשט לפנים יותר מן המלכות, היה שוה אל המלכות, אף על פי שהוא יסוד. שהרי מה שנתפשט יותר רק לפי שהיסוד קרוב אורו יותר מן המלכות, ולכן היה בו כח להתפשט יותר. ואין לו מעלה על המלכות, אלא מפני שהתפשטות הזה היה בבחינת אור חוזר, שאז היה היסוד חוזר ומתקרב אל מקורו. אומנם בבחינת הכלים עצמם הם שוים, עד כאן לשונו.

עץ חיים

לרבינו חיים ויטאל

שקיבל ממרן האר"י זלה"ה

שער ד'

שער אוז"פ

פרק א'

חלק התרשימים טבלאות וציורים

שמחת חיים

הקדמה קצרה

דע כי כל התרשימים הציורים והטבלאות, הם אך ורק לשכך את האוזן, ולשבר את העין. וכל הציורים הם לא שלמים.

כתב הרי"ח הטוב ברב פעלים ח"ב בסוד ישרים ה' - אך דע לך כי סדר התלבשות המחצבים שכתב מהרח"ו בשערי קדושה עד עולם הזה שאנחנו עומדים בו. וכן סדר התלבשות הפרצופים אשר בכל מחצב ומחצב, וסדר התלבשות העולמות זה בזה, והיושר והעיגולים, לא אית אינש דכיל למנלע רזא דנא, איך היא עשוי, איך הוא עומד, ולא אפשר לשכל אנושי לצייר כל הנזכר על אמתיתם, ועל בוריין מפני כי שכל האנושי בהיותו עצור ומונח בגוף גשמיי, אי אפשר לי להשיג דבר רוחני, והוא זה דומה לאדם סומא מן הבטן שלא ראה מאורות מימיו, דודאי אי אפשר לו לצייר מראות השמש והירח הנראין לעיני הבריות, וכל שכן מה שיש למעלה למעלה.

וכן כתב ברב פעלים ח"א בסוד ישרים א' - סוף דבר הכל נשמע, ה' אחד ושמו אחד, ואין לו גוף ולא דמות הגוף, ואין לו שום ציור, ותמונה ודמיון כלל ועיקר, וגם כל העולמות וספירות הקדושים למעלה אין להם ציור ודמיון של גופים האלה כלל, ואין מי שיוכל לידע איך הוא עמידתם וסדרם, ואיך עומדים עולמות היושר ועולמות העיגולים, ואיך מתחברים זה עם זה, ואיך נמשך השפע מזה לזה, ואיך הוא תוארם ומראיהם, ואיך הוא מהות השפע המחיה אותם, ומקיים אותם, וכמה הוא שיעור אורכם וגובהן ורחבם, ואיך הם נכללים זה בזה, ומלבישים זה לזה, כי בכל זאת אין שום שכל אנושי יוכל לדעת, ולהבין, ולהשיג, כלל ועיקר.

הרב ז"ל כתב בשער אח"פ תחילת פ"א וז"ל - כבר ידעת כי אין בנו כח לעסוק קודם אצילות עשר ספירות, ולא לדמות שום דמיון וצורה כלל ח"ו, אך לשכך האזן, אנו צריכים לדבר דרך משל ודמיון, לכן אף אם נדבר במציאות ציור שם למעלה, אין הדבר רק לשכך האזן. אמנם דע כי עשר ספירות דאצילות הם שתי עניינים. האחד הוא התפשטות הרוחניות, והשני הוא כלים ואברים אשר העצמות מתפשט בהם. והנה צריך שיהיה לכל זה שורש למעלה לשתי בחינות אלו, ולכן צריכין אנו לדבר בסדר המדרגות מראש עד סוף, והנה נתחיל ונאמר כי הלא הא"ס ב"ה אין בו שום ציור כלל ח"ו כמבואר.

הרב ז"ל כתב בשער טנת"א פ"א - והנה אף על פי שאנו מכנים וקוראים כאן כנויים אלו כגון אדם ראש אזנים וכיוצא אינו רק לשכך האזן לשיובנו הדברים לכן אנו מכנים כנויים אלו במקום גבוה, עד כאן לשונו.

וכן הרמ"ק בפרדס רימונים ש"ו פ"א - וציירו להם המקובלים צורות ביריעות גדולות וקראום אילן.

הרב ז"ל כתב בסוף ש"ה פ"ד וז"ל - ואמנם דבר גלוי הוא כי אין למעלה גוף ולא כח גוף חלילה. וכל הדמיונות והציורים אלו לא מפני שהם כך חס ושלום. אמנם לשכך את האוזן לכשיוכל האדם להבין הדברים העליונים הרוחניים בלתי נתפסים ונרשמים בשכל האנושי, לכן ניתן רשות לדבר בבחינת ציורים ודמיונים, כאשר הוא פשוט בכל ספרי הזוהר. וגם בפסוקי התורה עצמה כולם כאחד עונים ואומרים בדבר הזה כמו שאמר הכתוב עיני ה' המה משוטטים בכל הארץ. עיני ה' אל צדיקים. וישמע ה'. וירח ה'. וידבר ה'. וכאלה רבות וגדולה מכולם מה שאמר הכתוב ויברא אלהים את האדם בצלמו בצלם אלהים ברא אותו זכר ונקבה וגו'. ואם התורה עצמה דברה כך גם אנחנו נוכל לדבר כלשון הזה, עם היות שפשוט הוא שאין שם למעלה אלא אורות דקים, בתכלית הרוחניות, בלתי נתפשים שם כלל, וכמו שאמר הכתוב כי לא ראיתם כל תמונה, וכאלה רבות. ואמנם יש עוד דרך אחרת כדי להמשיך ולצייר בה הדברים העליונים, והם בחינת כתיבת צורת אותיות, כי כל אות ואות מורה על אור פרטי עליון, וגם תמונת זו דבר פשוט הוא כי אין למעלה לא אות, ולא נקודה, וגם זה דרך משל וציור לשכך את האוזן כנזכר. ולכן נבאר עתה הקדמה הנזכר על דרך ציור האותיות גם כן ובבחינת ציורים אלו, הן ציור האדם, והן ציור אותיות, שתיהן מוכרחים להבין ענין האורות העליונים, כאשר תראה ספרי הזוהר בנויים על שתי בחינות הציורים האלה, עד כאן לא.

ולכן גם אנחנו הרשינו לעצמינו לצייר ציורים, תרשימים וטבלאות, אך ורק כדי לשכך את האוזן, ולשבר את העין, כדי להבין את הסוגייה.

אח"י

תרשׂימים שׂעׂר ד' פרקׂ א'

<u>סדר שמות שמות ההיכלות והשערים בעץ חיים</u>

שם היכל	שער	שם השער	פרקים														
אדם קדמון	א	עיגולים ויושר	א	ב	ג	ד	ה										
	ב	השתלשלות י"ס דרך עגו'	א	ב	ג												
	ג	סדר אצילות למהרח"ו	א	ב	ג												
	ד	אח"פ	א	ב	ג	ד	ה										
	ה	טנת"א	א	ב	ג	ד	ה	ו	ז								
	ו	עקודים	א	ב	ג	ד	ה	ו	ז	ח							
	ז	מטי ולא מטי	א	ב	ג	ד	ה										
נקודים	ח	דרושי נקודות	א	ב	ג	ד	ה	ו									
	ט	שבירת הכלים	א	ב	ג	ד	ה	ו	ז	ח							
	י	תיקון	א	ב	ג	ד	ה										
	יא	מלכים	א	ב	ג	ד	ה	ו	ז	ח	ט	י					
הכתרים	יב	עתיק	א	ב	ג	ד	ה										
	יג	א"א	א	ב	ג	ד	ה	ו	ז	ח	ט	י	יא	יב	יג	יד	
או"א	יד	או"א	א	ב	ג	ד	ה	ו	ז	ח	ט	י					
	טו	זווגים	א	ב	ג	ד	ה	ו									
	טז	הולדת או"א וזו"ן	א	ב	ג	ד	ה	ו	ז								
ז"א	יז	ז"א	א	ב	ג	ד											
	יח	רפ"ח נצוצין	א	ב	ג	ד	ה	ו									
	יט	אנ"ך	א	ב	ג	ד	ה	ו	ז	ח	ט	י					
	כ	המוחין	א	ב	ג	ד	ה	ו	ז	ח	ט	י	יא	יב			
	כא	לידת המוחין	א	ב	ג												
	כב	מוחין דקטנות	א	ב	ג												
	כג	מוחין דצלם	א	ב	ג	ד	ה	ו	ז	ח							
	כד	פרקי הצלם	א	ב	ג	ד	ה	ו	ז								
	כה	דרושי הצלם	א	ב	ג	ד	ה	ו	ז	ח							
	כו	צלם	א	ב	ג	ד											
	כז	פרטי עי"מ	א	ב	ג	ד											
	כח	עיבורים	א	ב	ג	ד	ה										
	כט	נסירה	א	ב	ג	ד	ה	ו	ז	ח	ט						
	ל	פרצופים	א	ב	ג	ד	ה	ו	ז								
	לא	פרצופי זו"ן	א	ב	ג	ד	ה										
	לב	הארת המוחין	א	ב	ג	ד	ה	ו	ז	ח	ט						
	לג	אונאה	א	ב	ג	ד	ה										
נוק' דז"א	לד	תיקון הנוקבא	א	ב	ג	ד	ה	ו	ז								
	לה	הירח	א	ב	ג	ד	ה										
	לו	מעוט הירח	א	ב	ג	ד											
	לז	יעקב ולאה	א	ב	ג	ד	ה										
	לח	לאה ורחל	א	ב	ג	ד	ה	ו	ז	ח	ט						
	לט	מ"ן ומ"ד	א	ב	ג	ד	ה	ו	ז	ח	ט	י	יא	יב	יג	יד	טו
	מ	פנימיות וחצוניות	א	ב	ג	ד	ה	ו	ז	ח	ט	י	יא	יב	יג	יד	טו
	מא	חשמל	א	ב	ג												
אבי"ע	מב-א	דרושי אבי"ע	א	ב	ג	ד	ה	ו	ז	ח	ט	י	יא	יב			
	מב-ב	כללות אבי"ע	א	ב	ג	ד											
	מג	ציור עולמות אבי"ע	א	ב	ג	ד											
	מד	שמות	א	ב	ג	ד	ה	ו	ז								
	מה	מקיפין	א	ב	ג	ד											
	מו	כסא הכבוד	א	ב	ג	ד	ה	ו									
	מז	סדר אבי"ע	א	ב	ג	ד	ה	ו									
	מח	קליפות	א	ב	ג	ד											
	מט	קליפת נוגה	א	ב	ג	ד	ה	ו	ז	ח	ט						
	נ	קיצור אבי"ע	א	ב	ג	ד	ה	ו	ז	ח	ט	י					

תרשימים שער ד' פרק א'

<u>טבלת ערכים</u>

עולמות	אדם קדמון	אצילות	בריאה	יצירה	עשיה
פרצופים	ע"י וא"א	אבא	אמא	ז"א	נוקבא
ספירות	כתר	חכמה	בינה	חג"ת נה"י	מלכות
הוי"ה	קוץ של י'	י	ה	ו	ה
אורות	יחידה	חיה	נשמה	רוח	נפש
מלוי	שורש הוי"ה	ע"ב - יוד הי ויו הי	ס"ג - יוד הי ואו הי	מ"ה - יוד הא ואו הא	ב"ן - יוד הה וו הה
טנת"א	שורשים	טעמים	נקודות	תגין	אותיות
נקודות	קמץ	פתח	צרי	סגול, שוה, חולם חיריק, קבוץ, שורוק	אין ניקוד
אדם	גולגולתא	מוח ימין	מוח שמאל	גוף וברית	עטרת היסוד
מל"צ	מ - מקיף, יחידה	ל - מקיף, חיה	מוח	לב	כבד
שנגל"ה	שורש	נשמה	גוף	לבוש	היכל
י"ב פרצופים	ער"נ אאו"נ	או"א עלאין	ישסו"ת	זו"נ	יעו"ר
כל צמא	אורות	מוחין	צלמים	לבושים	כלים
אברים	מוח	עצמות	גידין	בשר	עור
חושים	מוח	ראיה	שמיעה	ריח	דיבור
מחצבים	א"ס	ספירות	נשמות	מלאכים	חושך
צלם	מ' מקיף ב'	ל' מקיף א'	צ' מוח	צ' לב	צ' כבד
דחצ"מ	אלוקות	מדבר	חי	צומח	דומם
יסודות	יולי	מים	אש	רוח	עפר
רקיעים	ערבות	ערבות	ערבות	מכון, מעון, זבול שחקים, רקיע	וילון
גלגלים	גלגל השכל	גלגל היומי	מזלות	ככבים	לבנה
היכלות	קודש קודשים	קודש קודשים	קודש קודשים	אהבה, זכות, רצון, עצם השמים, לבנת הספיר	לבנת הספיר
מלוי הוי"ה		מו - וד י יו י	לז - וד י או י	יט - וד א או א	כו - וד ה ו ה
אהי"ה		קס"א - אלף הי יוד הי	קס"א - אלף הי יוד הי	קמ"ג - אלף הא יוד הא	קנ"א - אלף הה יוד הה

תרשימים שער ד' פרק א'

תרשים א - א

קוץ של י	יחידה	שורש
י	חיה	ראיה
ה	נשמה	שמיעה
ו	רוח	ריחא
ה	נפש	דיבור

תרשים א - ב

כתר	גולגלתא
חכמה	עינים
בינה	אוזניים
ו"ק	חוטם
מלכות	פה

תרשים א - ג

	יחידה	גולגלתא
	חיה	עינים
אח"פ	נשמה	אוזניים
	רוח	חוטם
	נפש	פה

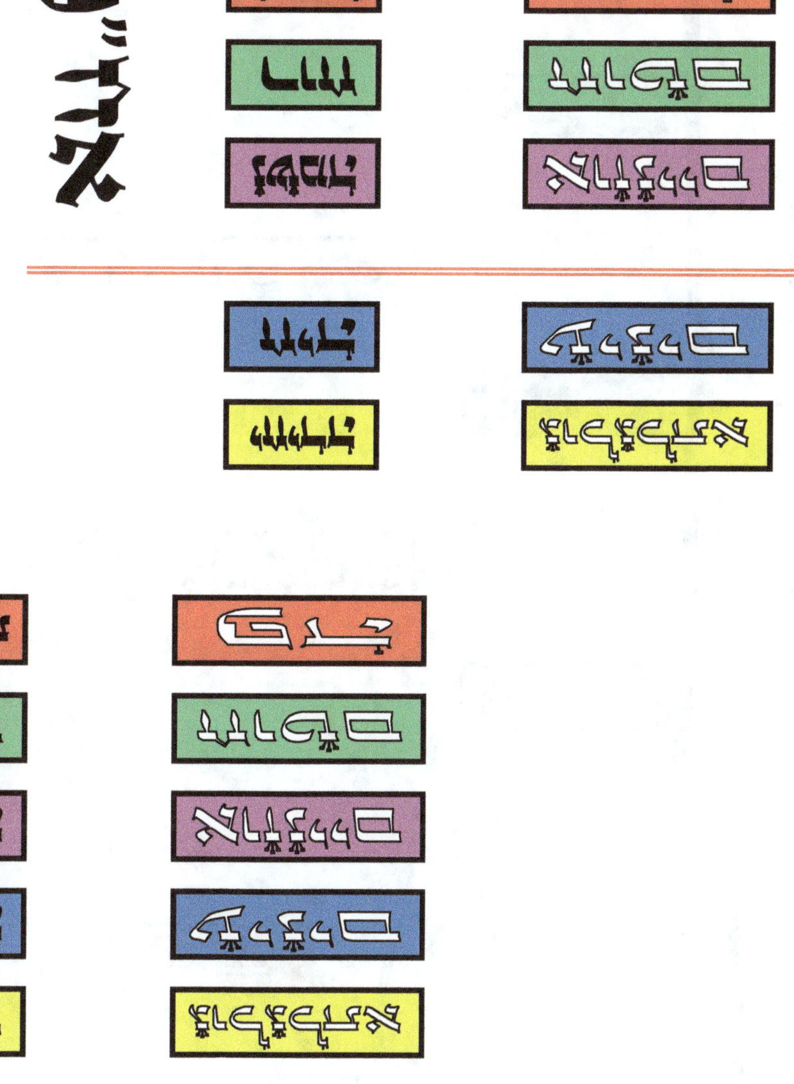

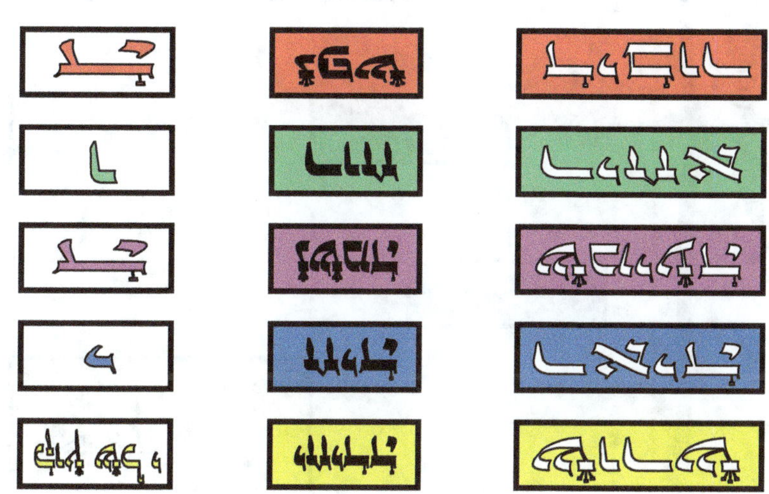

תרשימים שער ד' פרק א'

תרשים א - ד

חסדי דוד נ"ה

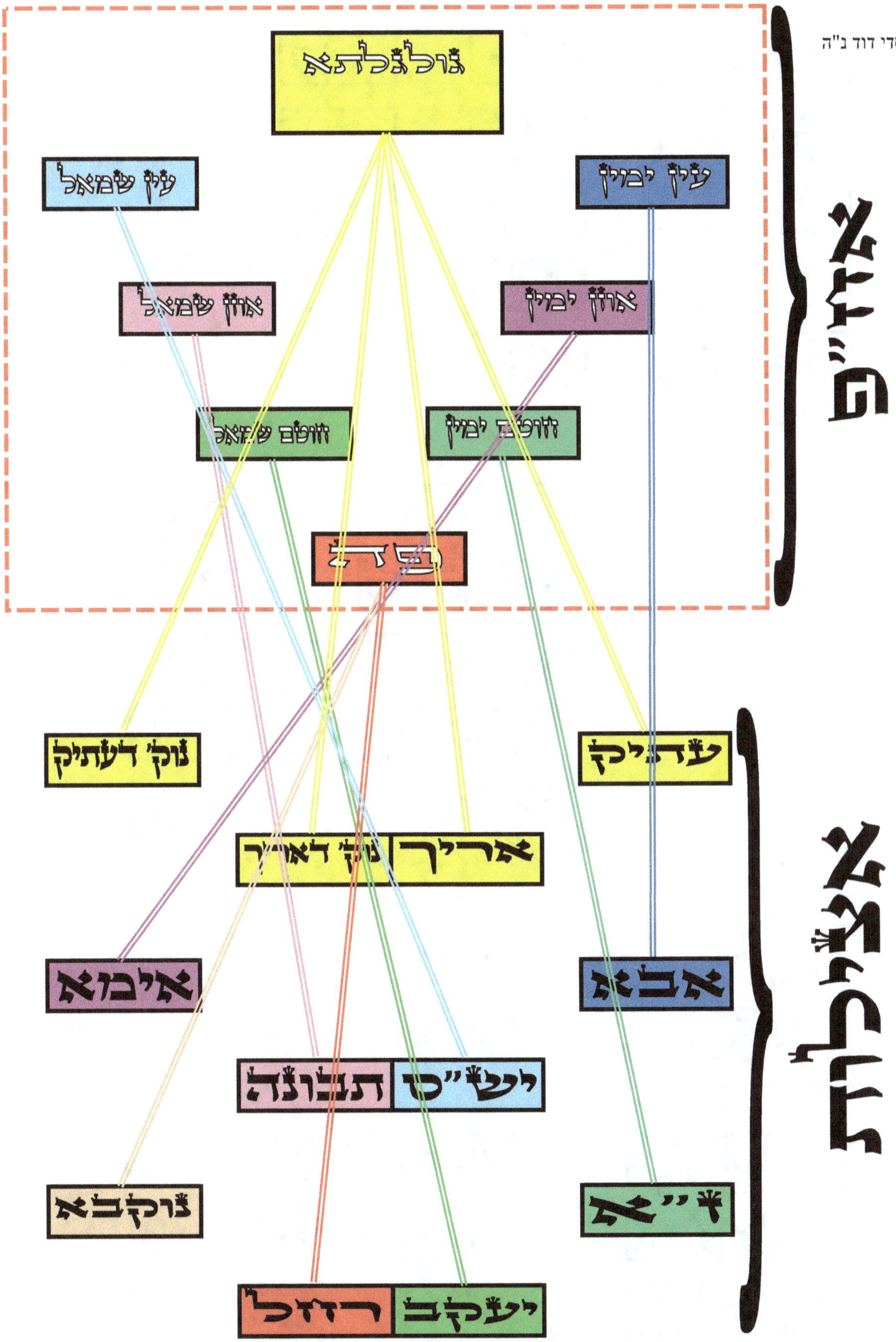

תרשימים שער ד' פרק א'

תרשים א - ה

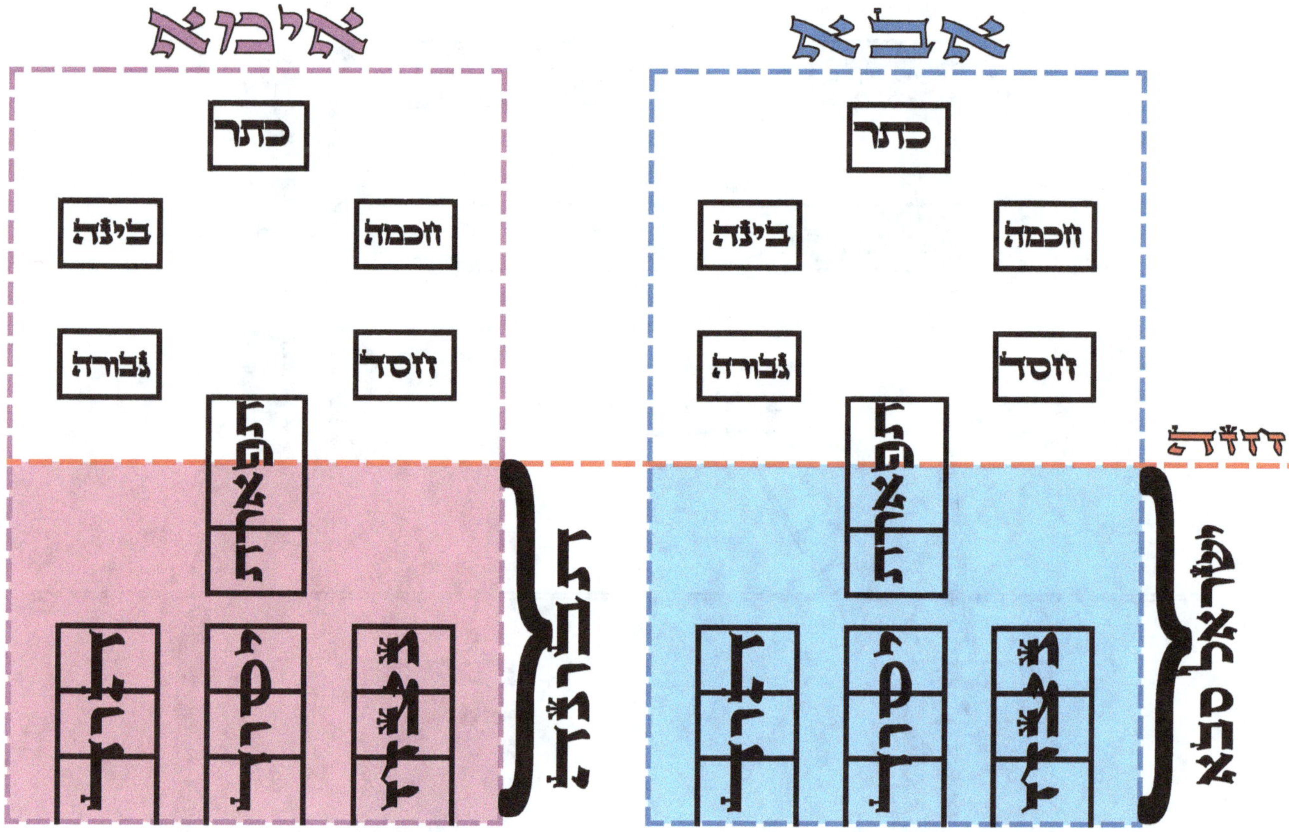

תרשים א - ו

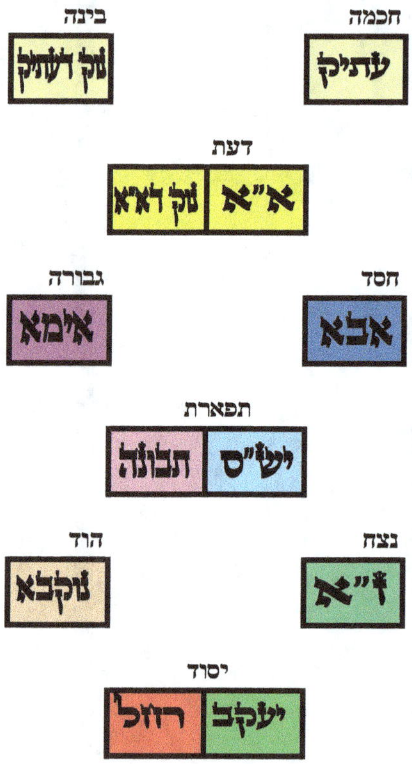

תרשימים שער ד׳ פרק א׳

תרשים א - ז

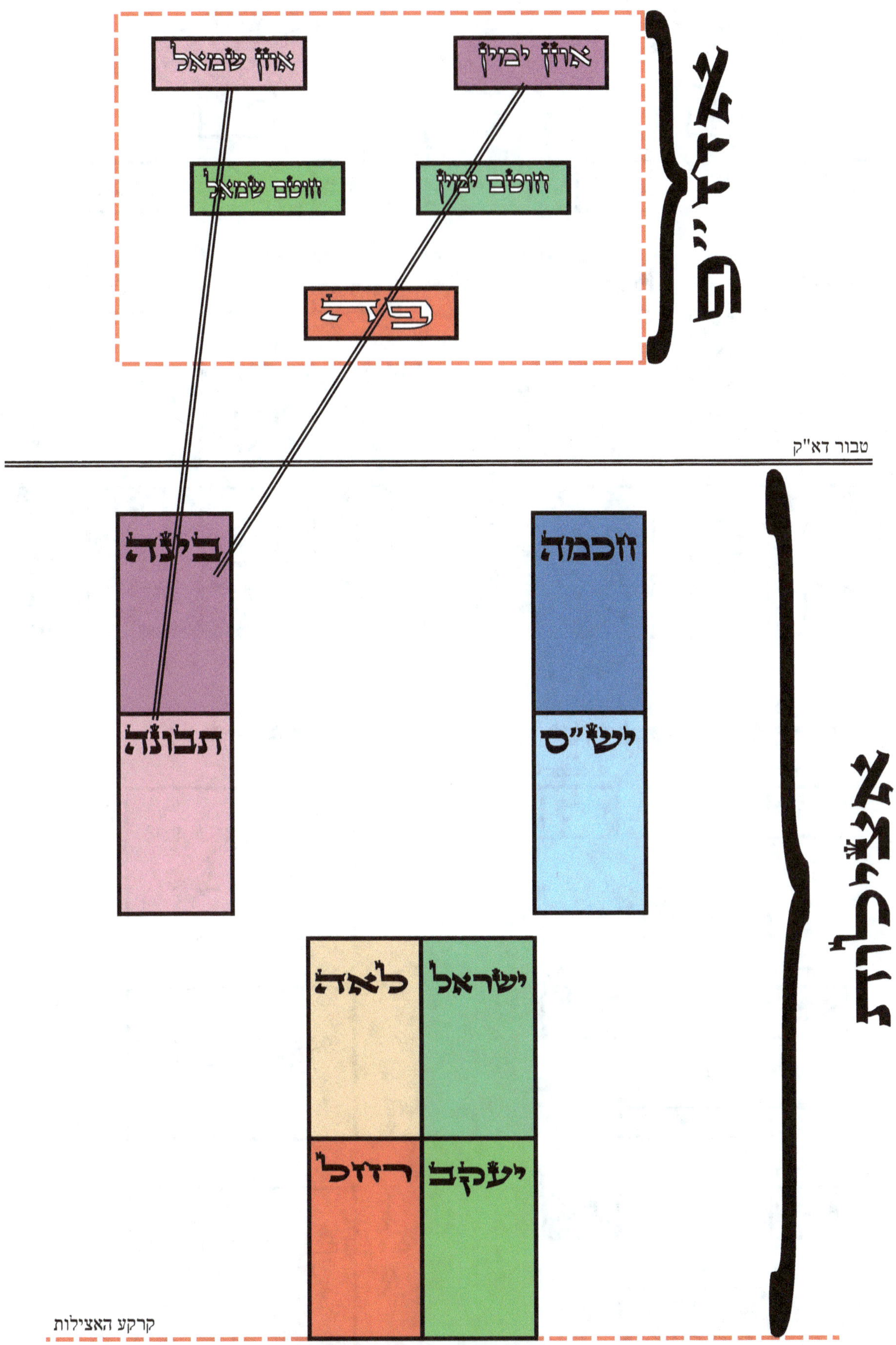

תרשימים שער ד׳ פרק א׳

תרשים א - ח

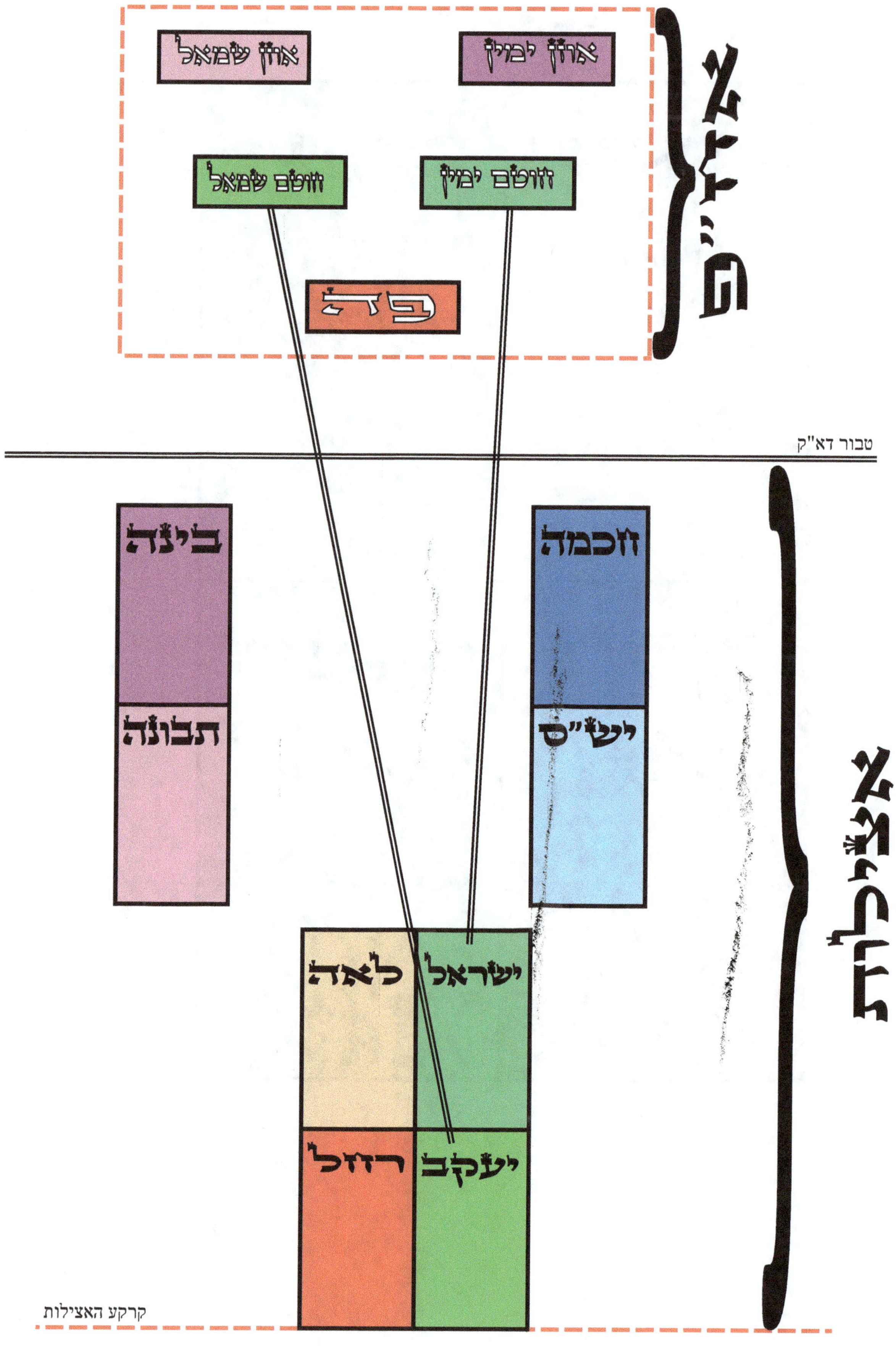

תרשימים שער ד' פרק א'

תרשים א - ט

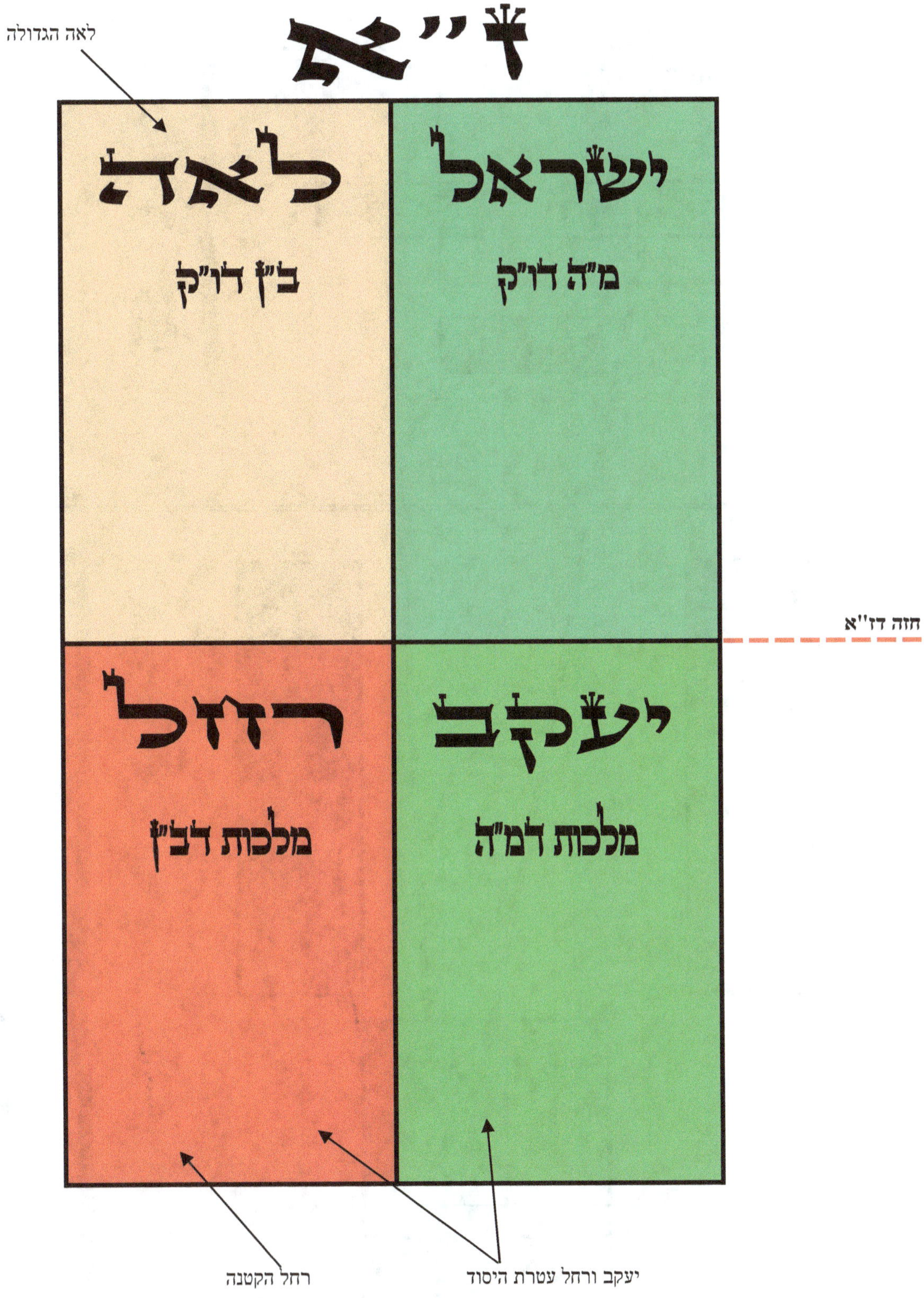

תרשימים שער ד׳ פרק א׳

תרשים א - י

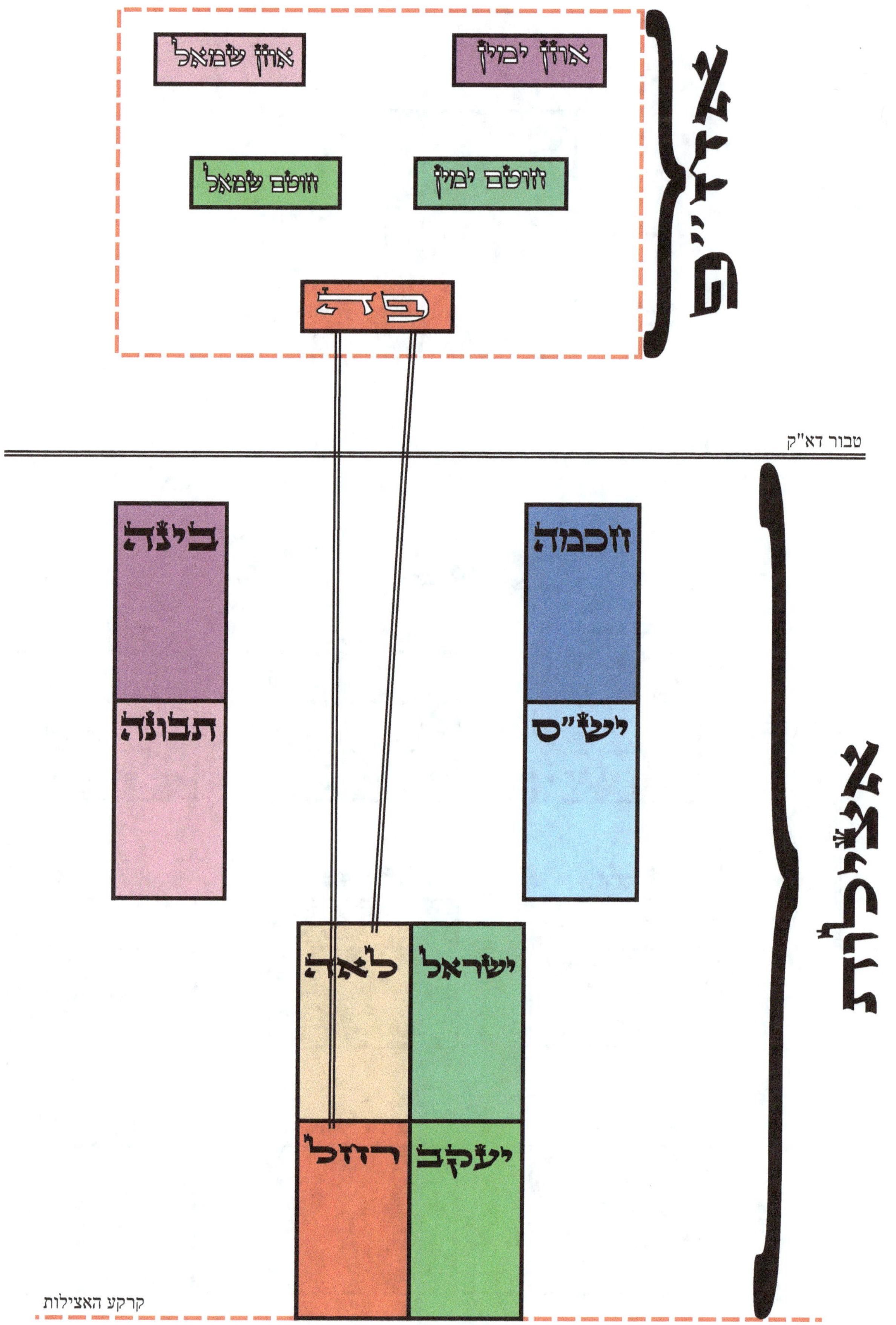

תרשימים שער ד׳ פרק א׳

תרשים א - י"א

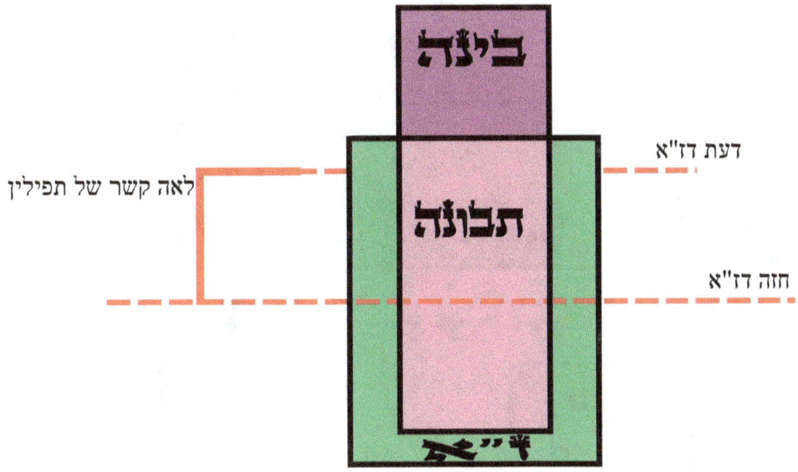

תרשים א - י"ב

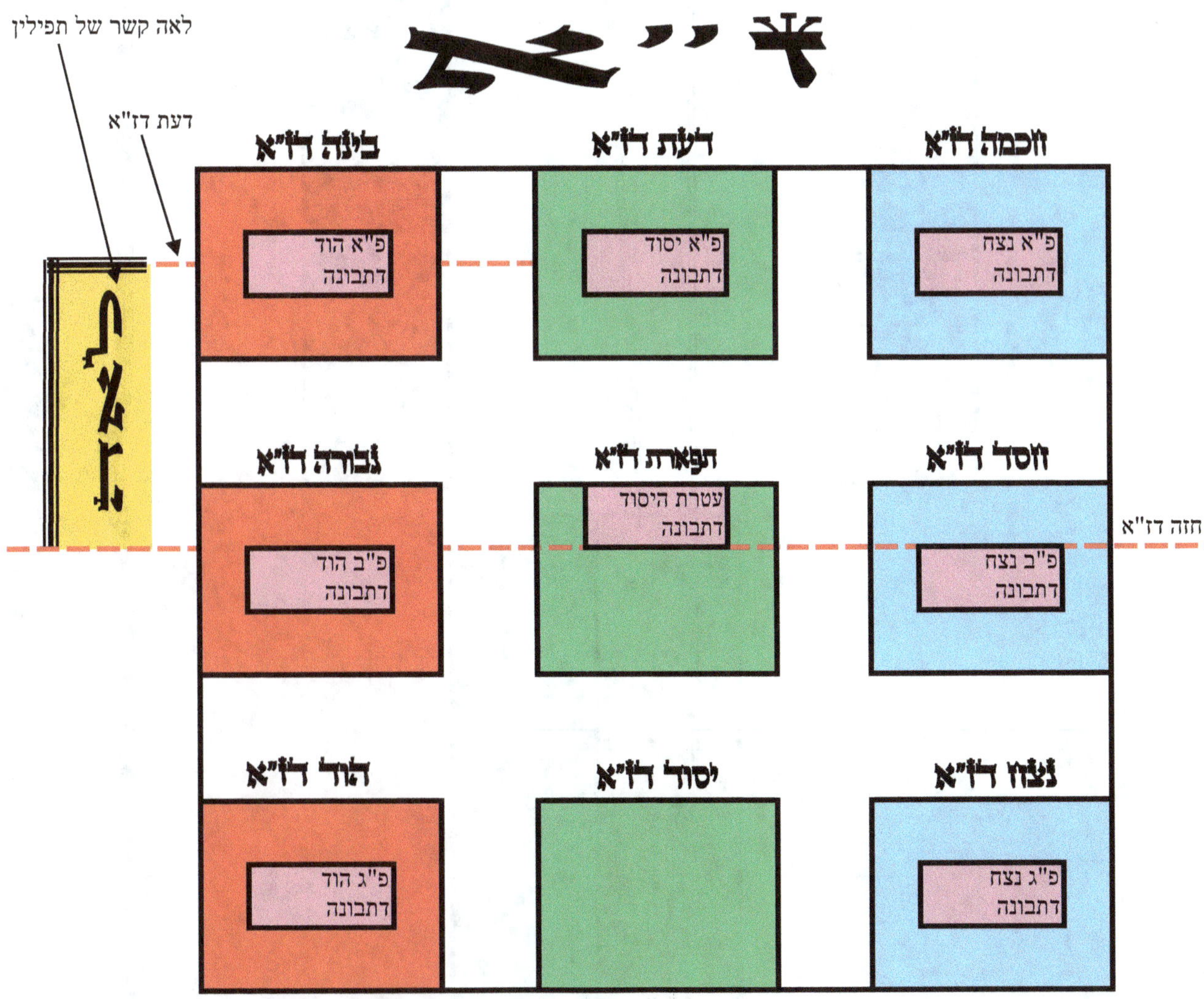

תרשימים שער ד׳ פרק א׳

תרשים א - י״ג

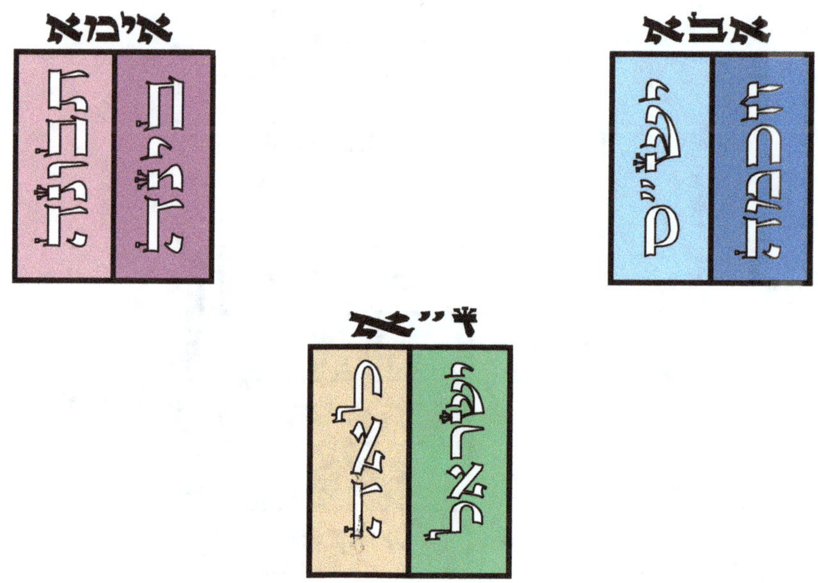

תרשים א - י״ד

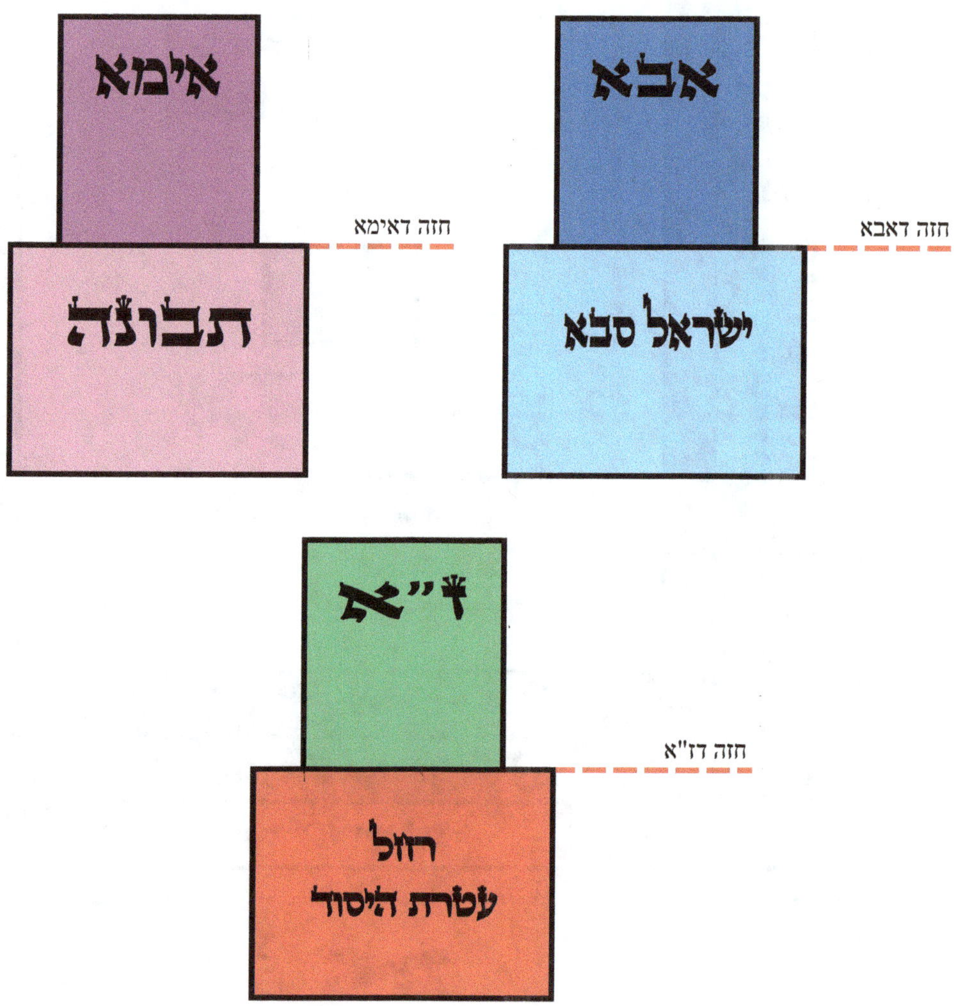

תרשימים שער ד' פרק א'

תרשים א - ט"ו

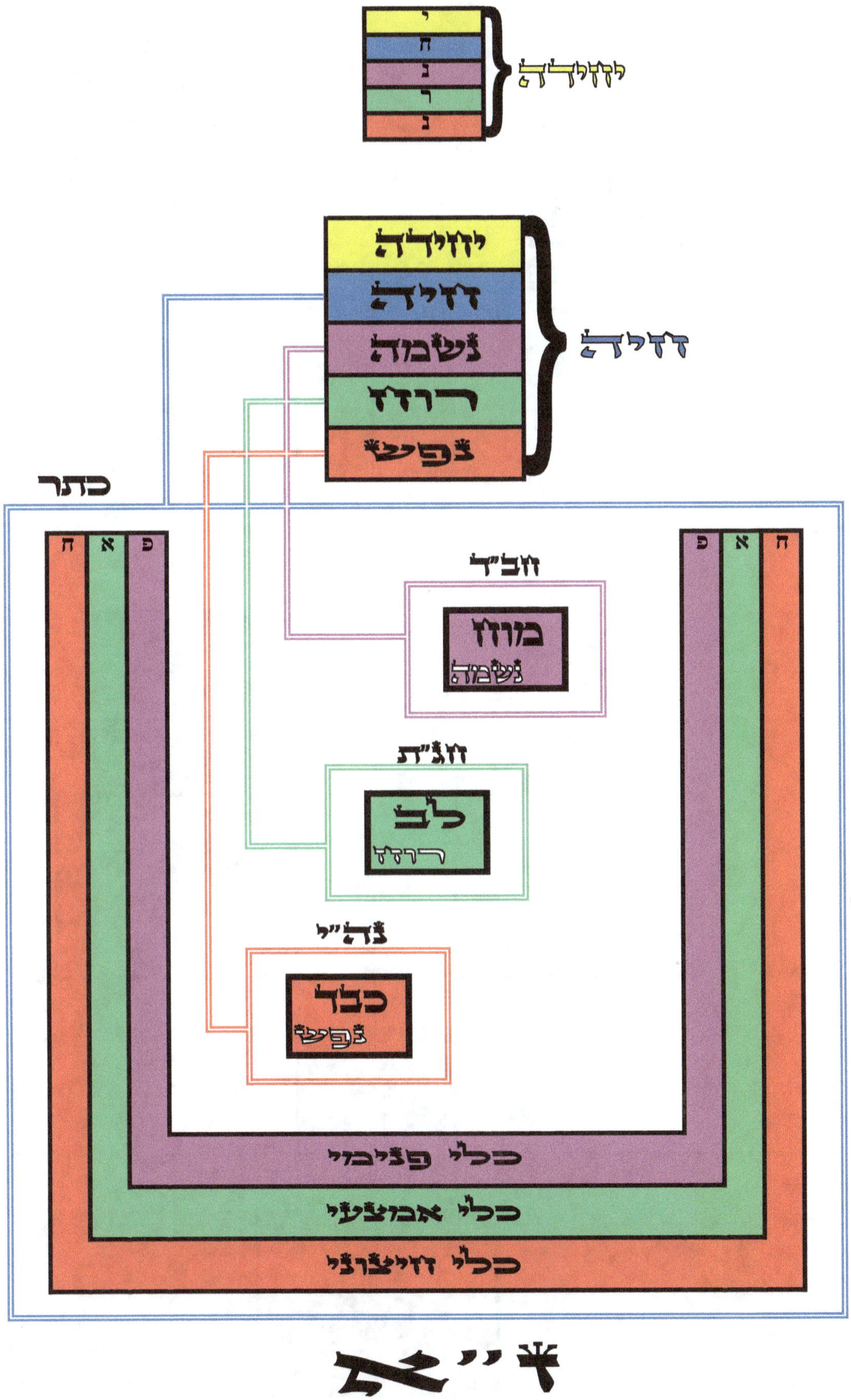

תרשימים שער ד' פרק א'

תרשים א - ט"ז

כתר דז"א

אור מקיף — אֶהְיֶה

אור פנימי — יְהֹוָה

כלים דכתר דז"א

אלף הי יוד הי

יוד הי ואו הי

יוד, יוד הי, יוד הי ויו, יוד הי ויו הא

תרשים א - י"ז

בָּרוּךְ

מוחין דז"א

אֶהְיֶה | אהיה אהיה | אֶהְיֶה

יְהֹוָה | יהוה יהוה | יְהֹוָה

אהיה | אוהיויוהו אוהיויוהו | אֶהְיֶה

יהוה | יוהוווהו יוהוווהו | יְהֹוָה

יוד הי דקס"א

ו

כו"ק דאהוה דאמור דחכמה דכתר דבינה (וכמורה דחכמה) דנה"י דבינה דז"א. והם אות ו' דהויה.

כלים דז"א

ג' כלי חסד דז"א: א אל אלו אלוה / אלוה / אלף למד

ג' כלי ת"ת דז"א: יוד הא ואו הא / י יה יהו יהוה / יהוה

ג' כלי גבורה דז"א: יה / אלף, אלף למד, אלף למד הי, אלף למד הי יוד, אלף למד הי יוד מם / יְהֹוִה

וכאן אנו רואים כיצד המוחין דנה"י נדחים לנה"י:

מוחין דז"א

אהיה | אוהיויוהו אוהיויוהו | אֶהְיֶה

יהוה | יוהוווהו יוהוווהו | יְהֹוָה

יוד הי דקס"א

ו

כלים דז"א

ג' כלי נצח דז"א: יהוה / צ צב צבא / צבא

ג' כלי יסוד דז"א: יאהדונהי / שין, שין דלת, שין דלת יוד / שין דלת יוד

ג' כלי הוד דז"א: אדני / א צבא צבאות / אות

תרשימים שער ד' פרק א'

תרשים א - י"ח

תרשים א - י"ט

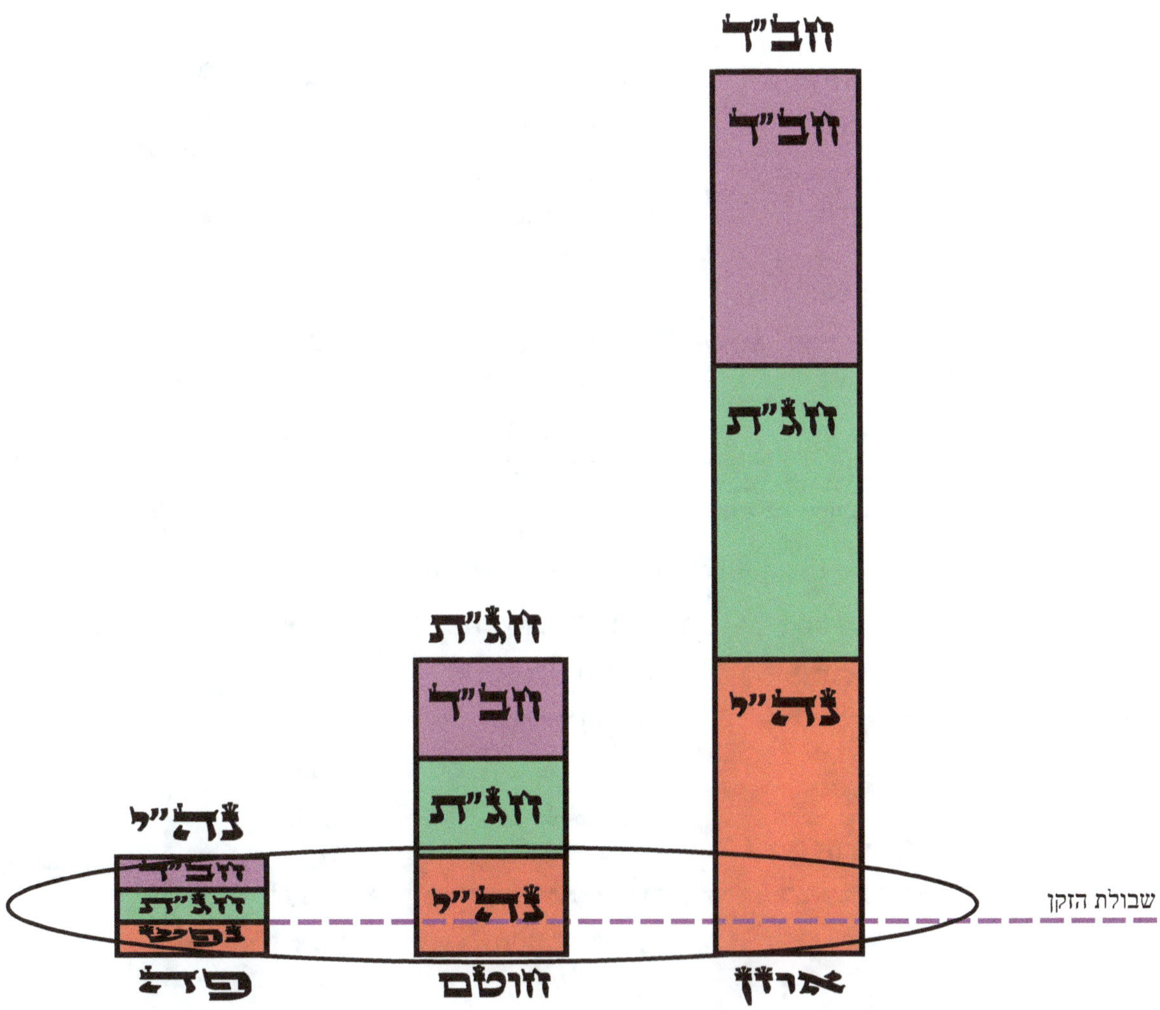

תרשימים שער ד' פרק א'

תרשים א - כ

תרשימים שער ד' פרק א'

תרשים א - כ"א

גולגלתא

עינים — ע"ב דע"ב דס"ג
אוזניים — ס"ג דע"ב דס"ג
חוטם — מ"ה דע"ב דס"ג
פה — ב"ן דע"ב דס"ג

נקבי הפנים ע"ב דס"ג הכללי (עינים, אוזניים, חוטם, פה)

תרשים א - כ"ב

ע"ב דס"ג הכללי

קוץ של י	אור נעלם	גולגלתא	שרשי המוחין	י
י	ע"ב דע"ב דס"ג	עינים	חכמה	ח
ה	ס"ג דע"ב דס"ג	אוזניים	בינה	צ
ו	מ"ה דע"ב דס"ג	חוטם	חג"ת נה"י	ר
ה	ב"ן דע"ב דס"ג	פה	מלכות	צ

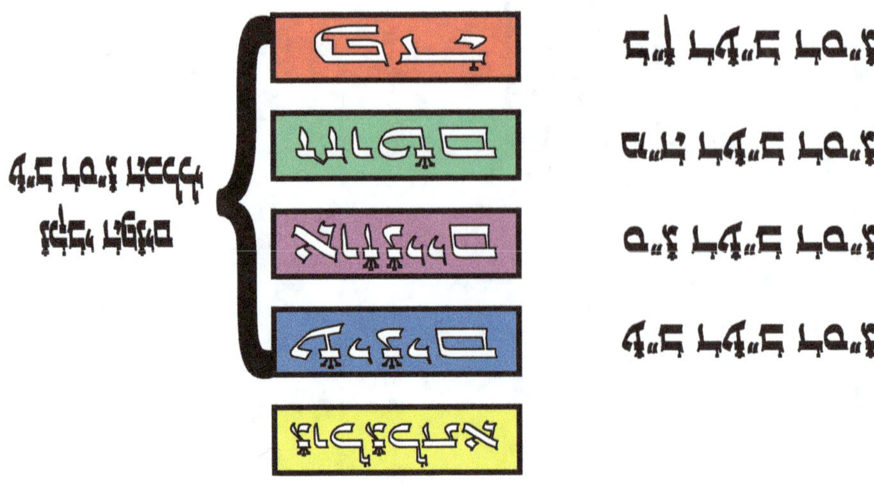

תרשימים שער ד' פרק א'

תרשים א - כ"ג

פרוש א' | פרוש ב'

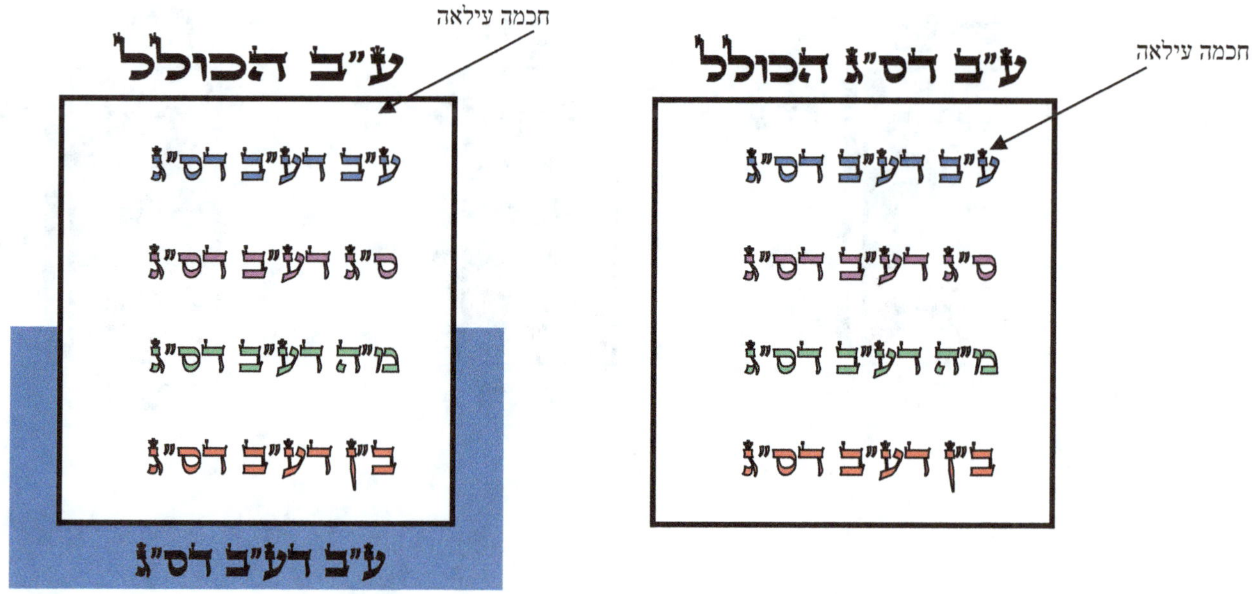

תרשים א - כ"ד

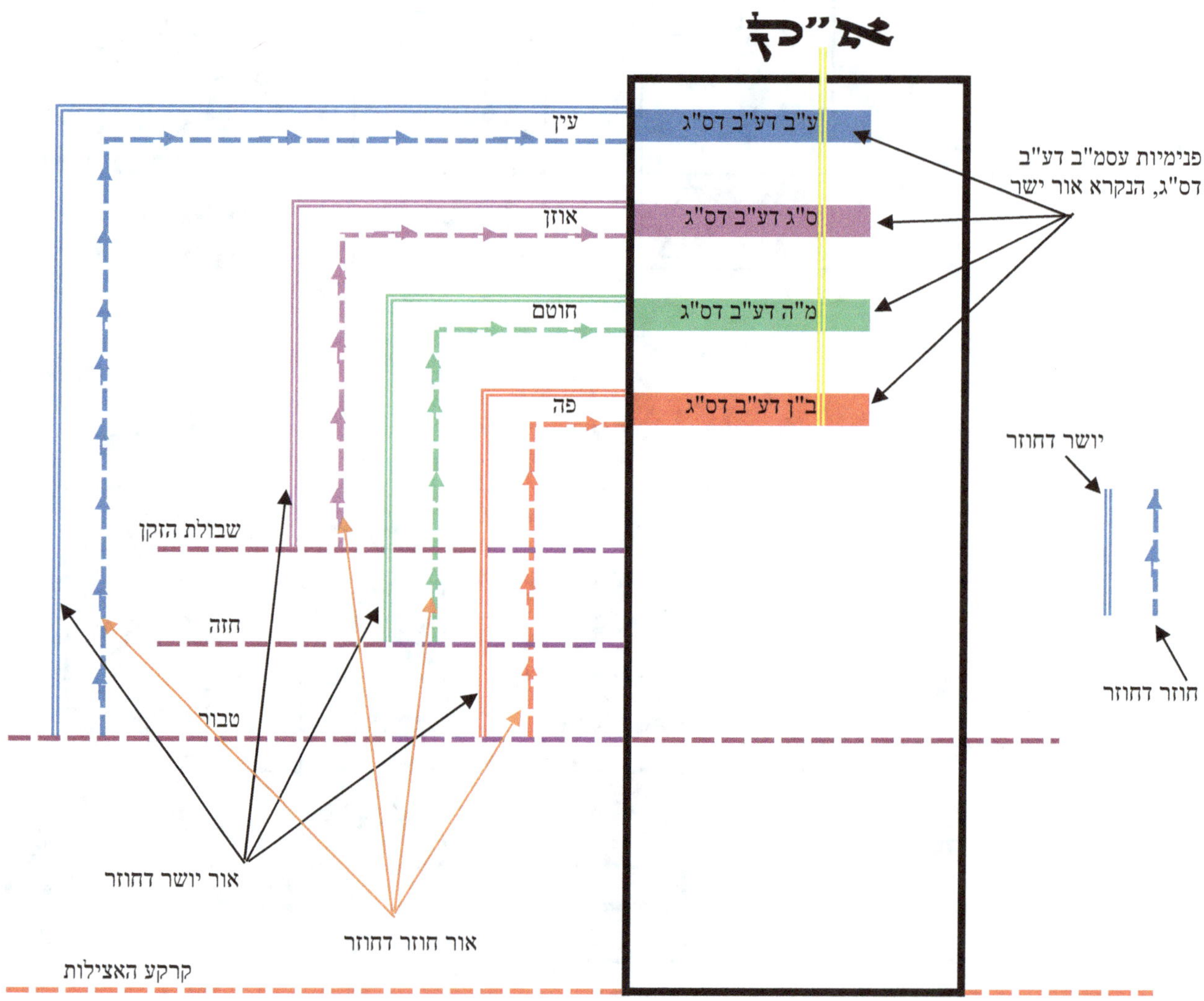

תרשימים שער ד' פרק א'

תרשים א - כ"ה

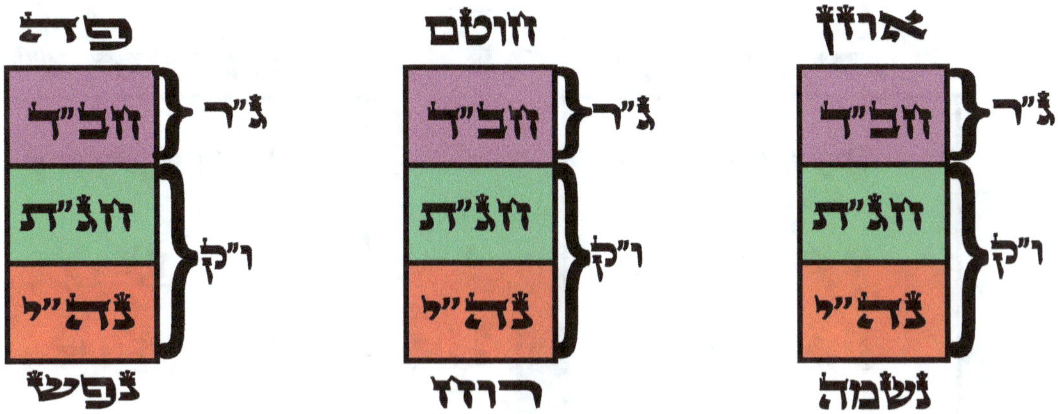

תרשים א - כ"ו

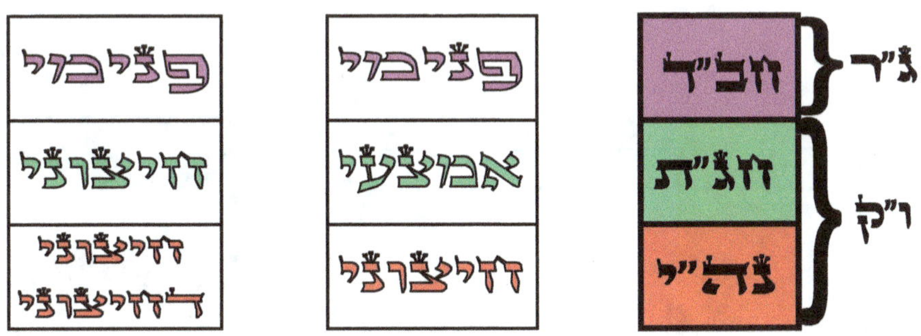

תרשים א - כ"ז

תרשימים שער ד' פרק א'

תרשים א - כ"ח

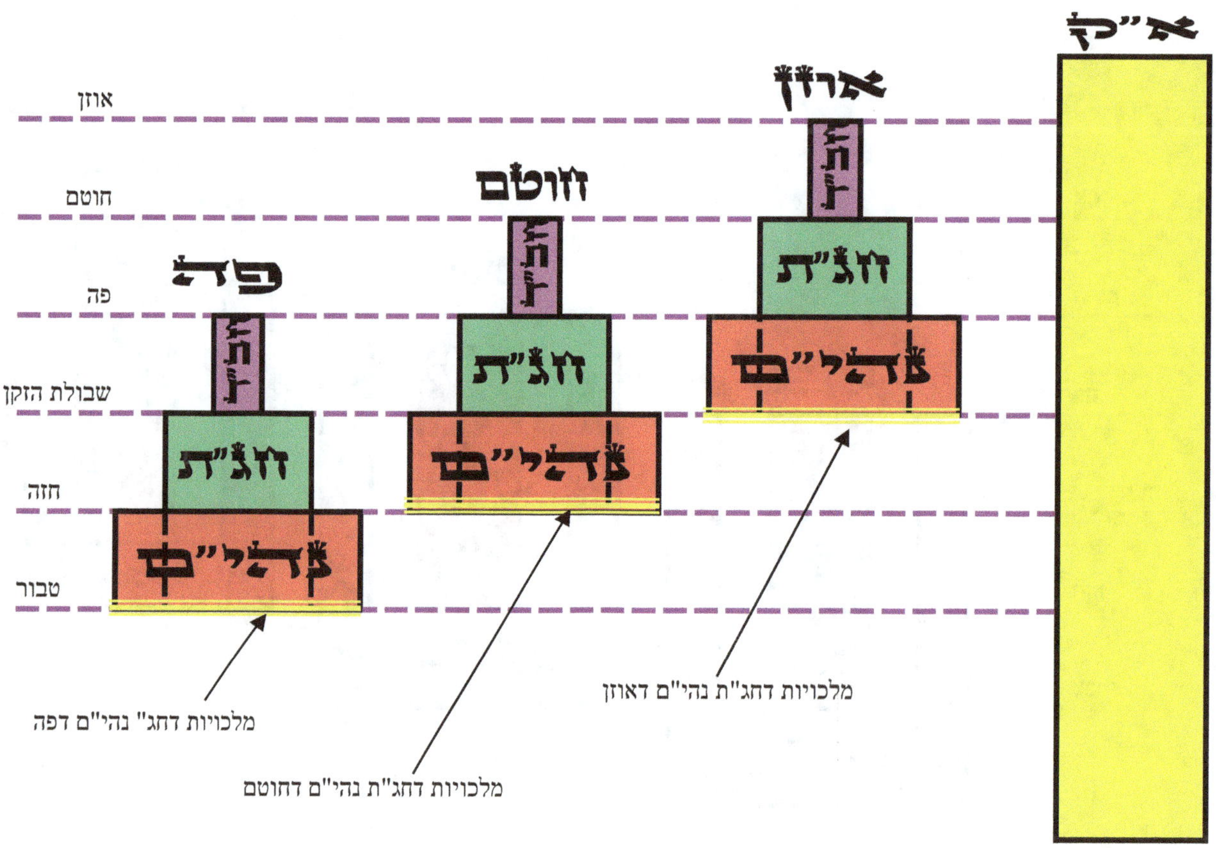

תרשים א - כ"ט

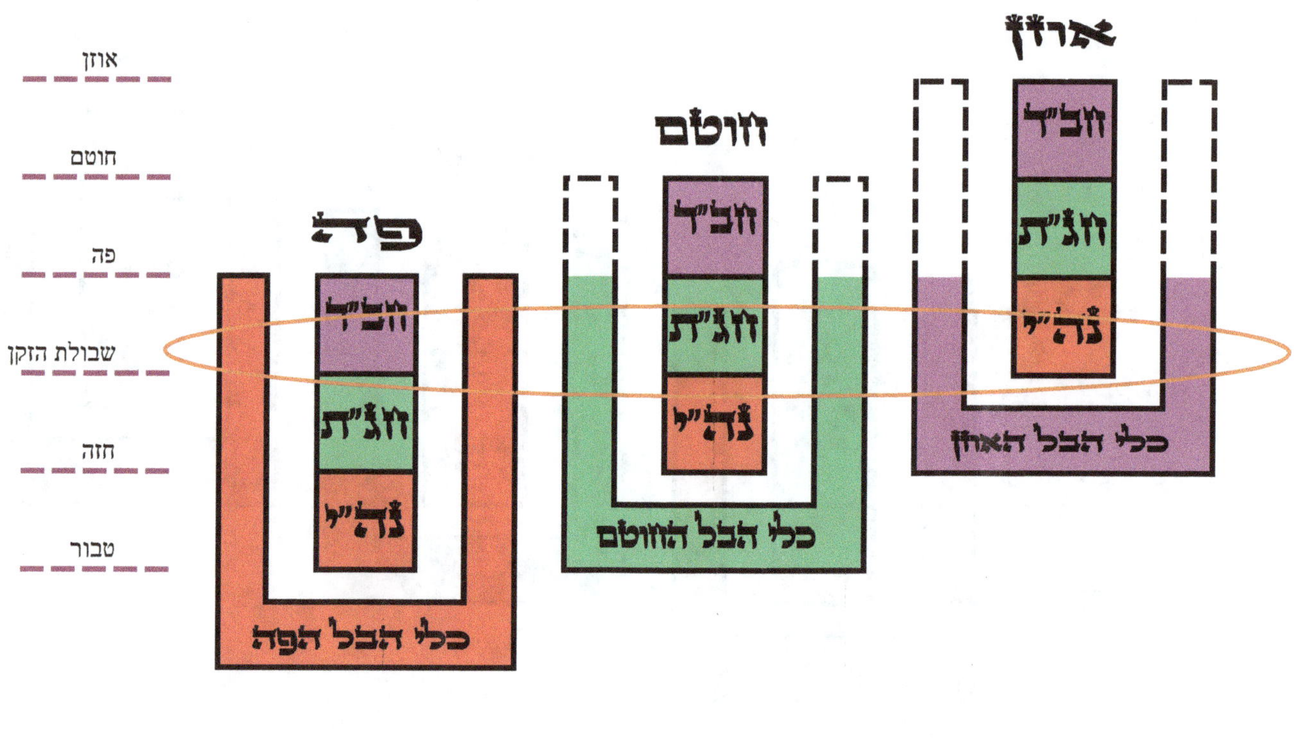

תרשימים שער ד' פרק א'

תרשים א - ל

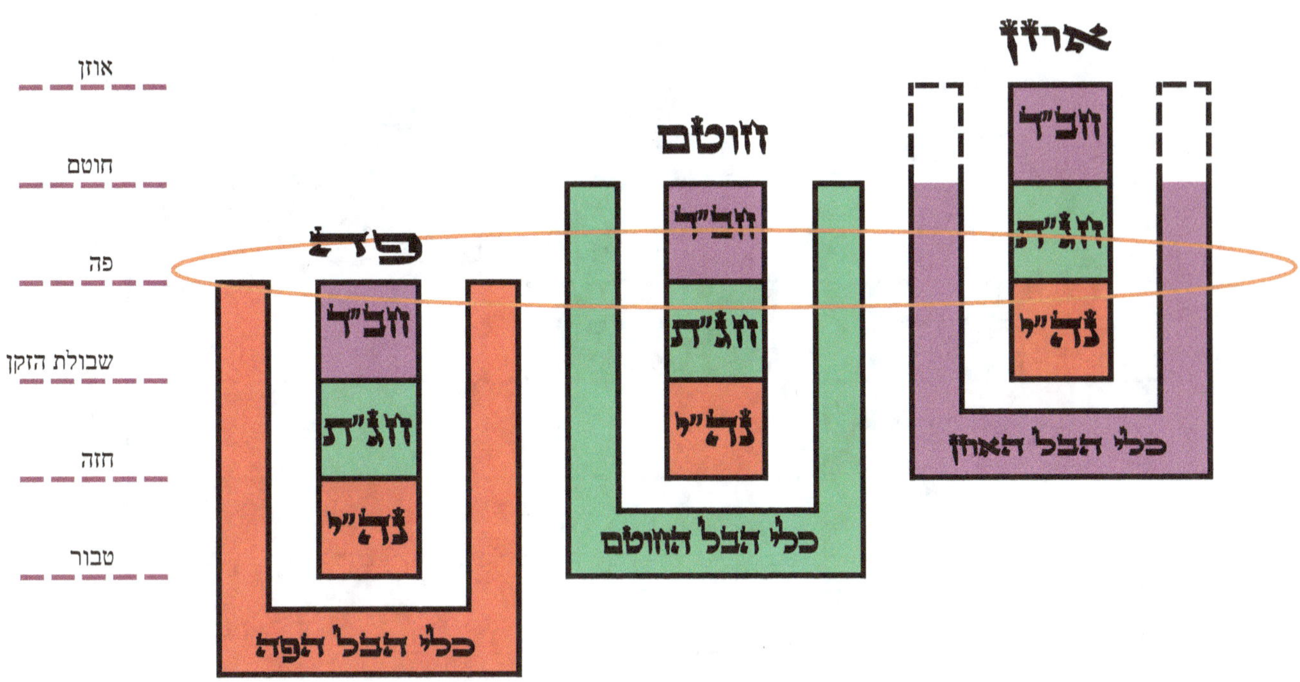

תרשים א - ל"א

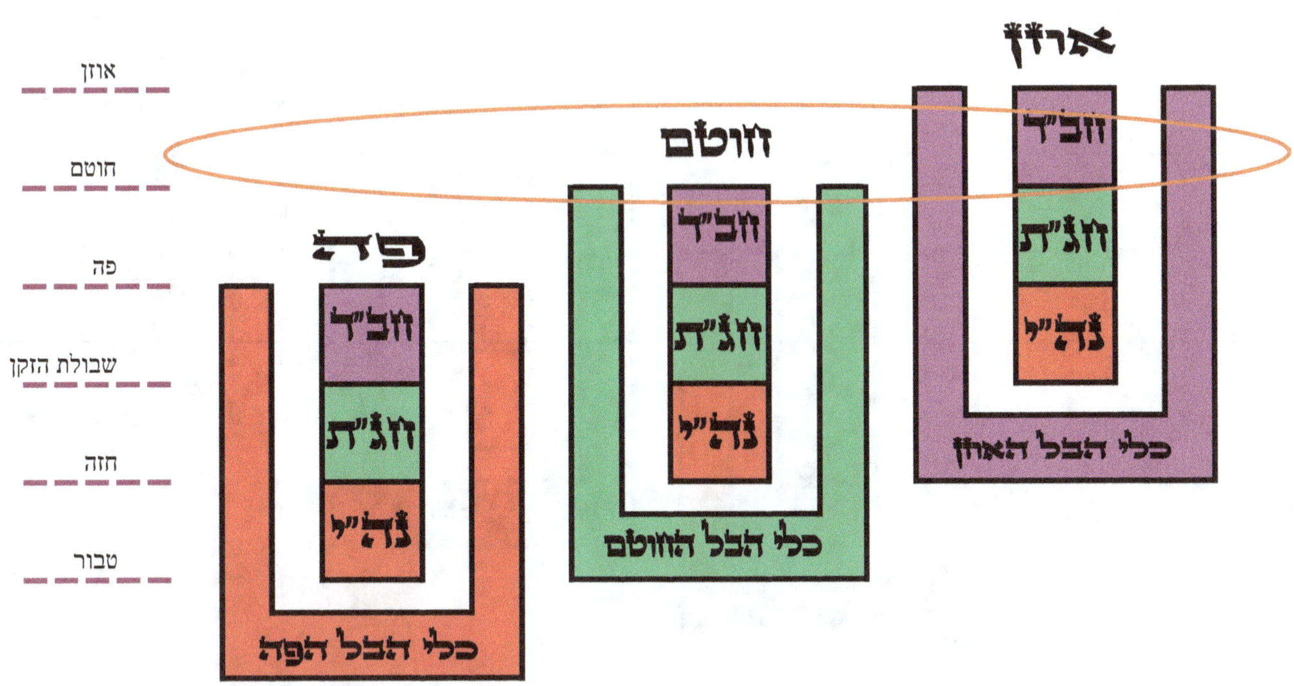

תרשימים שער ד׳ פרק א׳

תרשים א - ל"ב

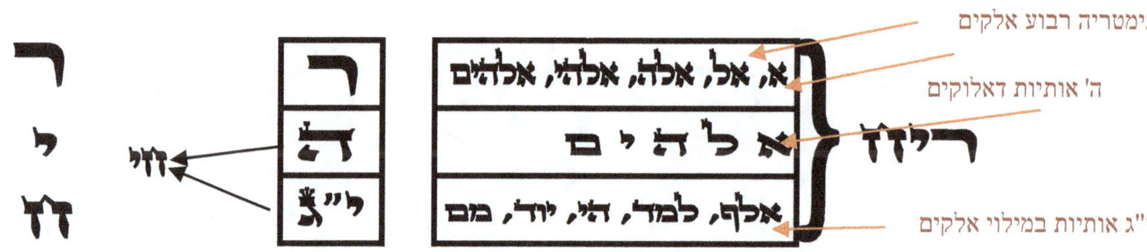

תרשים א - ל"ג

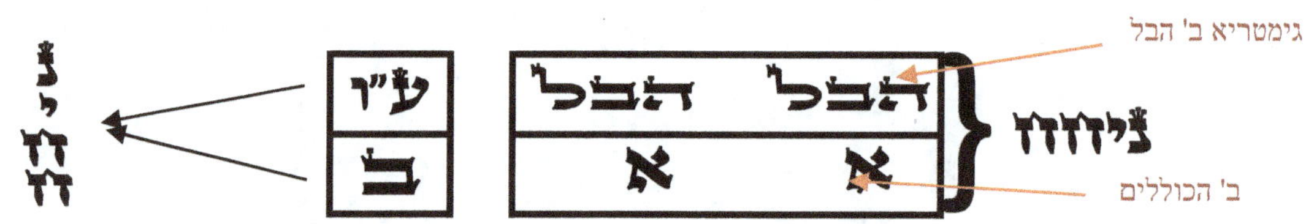

תרשים א - ל"ד

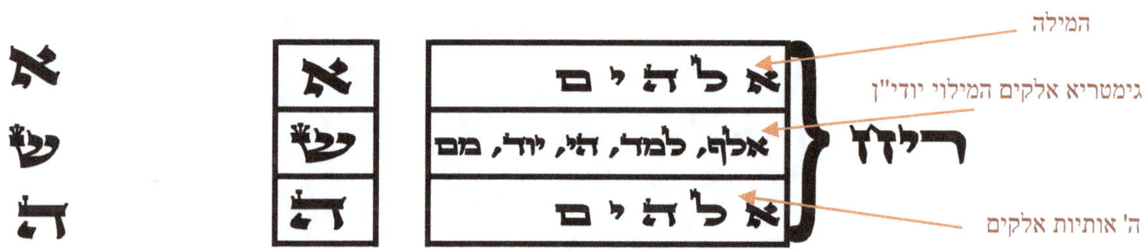

תרשים א - ל"ה

תרשים א - ל"ו

ריח (קודם שיגיע לחוטם) א, אל, אלה, אלהי, אלהים גמ׳ ר
אלף למד הי יוד מם, אלהים גמ׳ יח אותיות } יעקב ורחל
ניחוח (לחוטם) אכדטם גמ׳ עד } זו"נ
אשה (למצח) אלף למד הי יוד מם, מצפץ, אלהים } או"א וישסו"ת
למד אכדטם גמ׳ עד

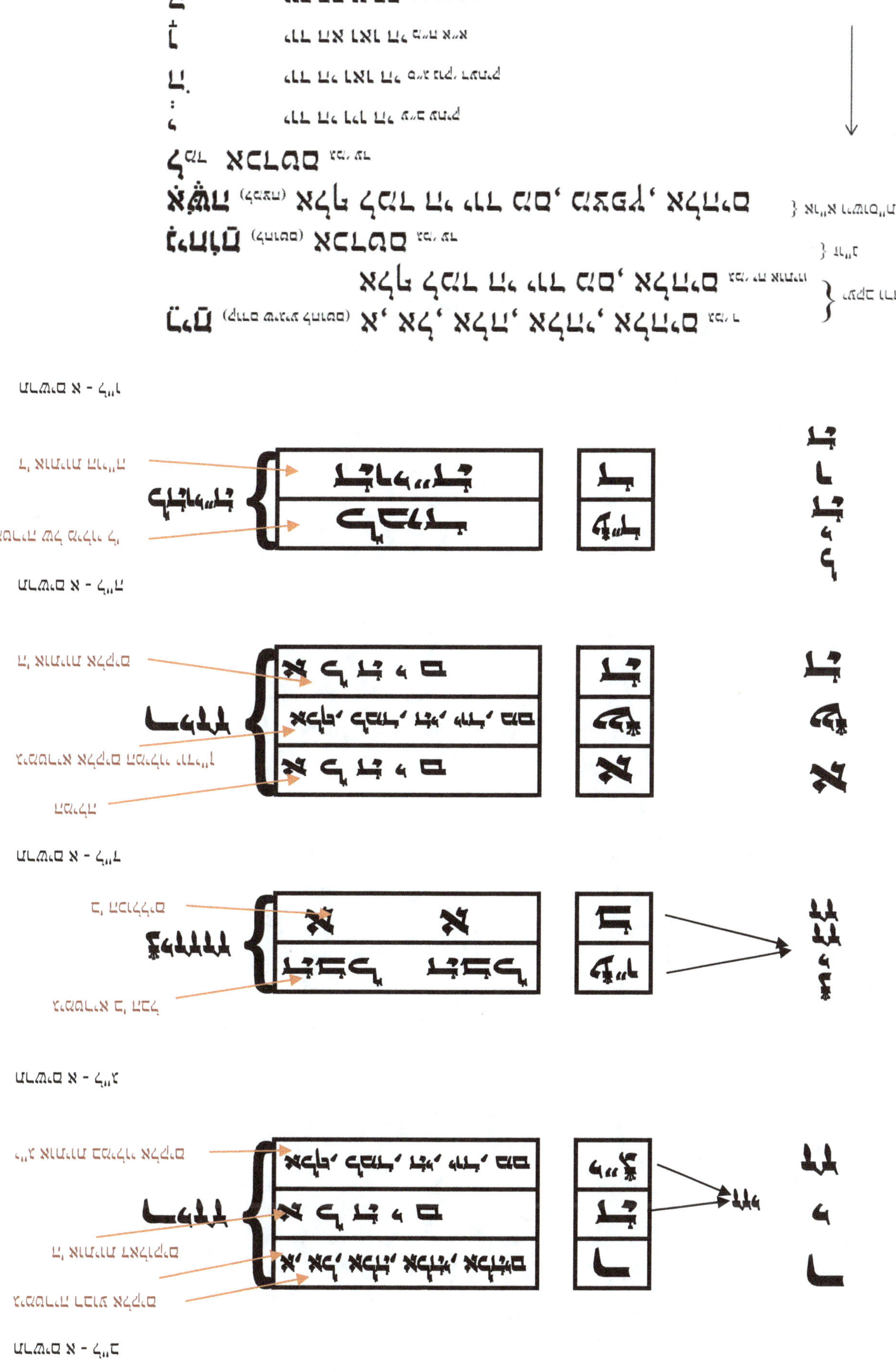

י — יוד הי ויו הי ע"ב עתיק
ה — יוד הי ואו הי ס"ג נוק׳ דעתיק
ו — יוד הא ואו הא מ"ה א"א
ה — יוד הה וו הה ב"ן נוק א"א

תרשימים שער ד׳ פרק א׳